Zu lieben sind wir da

T0161620

David N. Field

Zu lieben sind wir da

Der methodistische Weg, Kirche zu sein

übersetzt von Christine Wetzka

EVANGELISCHE VERLAGSANSTALT
Leipzig

Herausgegeben im Auftrag der Evangelisch-methodistischen Kirche in Deutschland. Bearbeitet sowie fachlich begleitet von Manfred Marquardt, Klaus Ulrich Ruof und Rosemarie Wenner.

Bibliographische Information der Deutschen Nationalbibliothek
Die Deutsche Nationalbibliothek verzeichnet diese Publikation in der Deutschen Nationalbibliographie; detaillierte bibliographische Daten sind im Internet uber http://dnb.dnb.de abrufbar.

Originaltitel
David N. Field: Our Purpose Is Love. The Wesleyan Way To Be The Church, Copyright © 2018 by Abingdon Press, Nashville, Tennessee, USA. All rights reserved. Used by permission.

© 2018 by Evangelische Verlagsanstalt GmbH · Leipzig
Printed in Germany

Das Buch wurde auf alterungsbeständigem Papier gedruckt.

Bibeltexte: Lutherbibel, revidiert 2017, © 2016 Deutsche Bibelgesellschaft, Stuttgart und BasisBibel. Das Neue Testament und die Psalmen, © 2012 Deutsche Bibelgesellschaft, Stuttgart.

Cover: Fruehbeetgrafik · Thomas Puschmann, Leipzig
Satz und Gestaltung: Steffi Glauche, Leipzig
Druck und Binden: BELTZ Bad Langensalza GmbH

ISBN 978-3-374-05857-0
www.eva-leipzig.de

Für Ernst Geiger –
in Dankbarkeit für das Geschenk seiner Freundschaft

Vorwort

John Wesley, der Gründervater der methodistischen Bewegung, schrieb 1742 ein kleines Traktat über die »Kennzeichen eines Methodisten« (*The Character of a Methodist*). Er wehrte sich gegen den Vorwurf, die Methodisten würden eine Sonderlehre vertreten oder ganz besondere Praktiken und »Methoden« nutzen. Das Wesentliche lag für ihn in einem Dreischritt: Gottes Liebe erfahren, die durch den Heiligen Geist in unsere Herzen ausgegossen ist (Römer 5,5), deshalb Gott lieben von ganzem Herzen und mit aller Kraft (5. Mose 6,5) sowie seinen Nächsten lieben wie sich selbst (3. Mose 19,18). Von diesem Dreischritt der Liebe soll das Leben eines Methodisten erkennbar geprägt sein. Wesley beendet sein Traktat mit dem Hinweis, dass diese »Kennzeichen eines Methodisten« nichts anderes sind als die Kennzeichen eines Christen überhaupt.

Welche Konsequenzen zog Wesley aus all dem für die Gestaltung des Lebens der methodistischen Gemeinschaft? Welche Rolle spielte die Liebe als leitendes Prinzip in der Ausbildung von kirchlichen Strukturen? Diesen Fragen geht David Field in seinem Buch nach und macht dabei erstaunliche Entdeckungen. Seine Beobachtungen erweisen sich als hochaktuell und hinterfragen unsere heute gelebte Praxis. Die Art, als evangelisch-methodistische Christen Kirche zu sein, hat durch den Dreischritt der Liebe eine besondere Ausprägung erfahren. Wie kann dies unsere kirchliche Gemeinschaft in ihrem Umgang mit

Einheit und Verschiedenheit weiterhin prägen? Wie können Methodisten in einer Zeit, in der in Kirche und Welt immer häufiger polarisiert und ausgegrenzt wird, glaubhaft »da sein, um zu lieben«?

Wir hoffen, dass dieses Buch zu angeregten Gesprächen in unseren Gemeinden führt. Es soll helfen, den Schatz zu entdecken oder wiederzuentdecken, den Wesley den Methodisten – als Einzelnen und als Gemeinschaft – ursprünglich mit auf den Weg gab. Möge es dazu beitragen, unsere methodistische Identität zu fördern und zu stärken. Und wenn andere Kirchen und Gemeinschaften sich darin wiederfinden, können wir mit Wesley nur sagen: Umso besser, denn dann sind wir uns im Wesentlichen einig.

Frankfurt und Zürich, im August 2018

Bischof Harald Rückert und Bischof Patrick Streiff

Inhalt

Warum ist Liebe die Lösung?

Gott schuf den Menschen zu seinem Bilde,
zum Bilde Gottes schuf er ihn;
und schuf sie als Mann und Frau.
1. Mose 1,27

Wer nicht liebt, der kennt Gott nicht; denn Gott ist Liebe.
1. Johannes 4,8

Spannungen, Gegensätze und Konflikte sind Teil unserer
täglichen Erfahrung. Nachrichtensendungen im Fern-
sehen liefern Berichte und Bilder internationaler und nationaler Konflikte in unsere Wohnzimmer. Politische Debatten ufern schnell in Beschimpfung, Verunglimpfung
und Beleidigung aus. Unterschiede in politischen Ansichten können sich auch unter Freunden, Nachbarinnen und
Kollegen rasch zu persönlichen Konflikten auswachsen.
Die sozialen Medien sind zu einer Plattform geworden,
auf der Beleidigungen, Verleumdungen, einfache Erklä-
rungsmuster und eskalierende Konflikte an der Tagesord-
nung sind. Auch in den Kirchen scheint es für ernsthafte
Meinungsverschiedenheiten keinen Platz mehr zu geben.
Menschen mit abweichenden politischen, sozialen oder
theologischen Standpunkten werden schnell dämonisiert.
Als Christen wissen wir, dass wir einander lieben sollen.
Aber sogar dieses Gebot wird von verschiedenen Menschen sehr unterschiedlich interpretiert. Einige meinen,
den Nächsten zu lieben heiße, mit ihm einer Meinung zu

sein. Es kommt ihnen nicht in den Sinn, Nächstenliebe so zu verstehen, dass sich in der Zuwendung zum Mitmenschen das barmherzige, gnädige Herz Gottes widerspiegelt. Deshalb stellen sich uns folgende Fragen: »Was heißt es, Gott und die Nächsten heute zu lieben – sowohl in der Welt als auch in der Kirche?« Und: »Warum ist das die Lösung des Konflikts, der uns trennt und spaltet?« Vorliegendes Buch will diese Fragen beantworten. Dafür wird John Wesleys Verständnis von Gottes Liebe untersucht und bedacht, wie wir sie heute in der Kirche und in der Welt verkörpern können.

Lassen Sie uns anfangen, indem wir ganz an den Anfang gehen.

Warum schuf Gott Menschen?

Zu verstehen, warum Gott Menschen geschaffen hat und wie wir in Gottes Vorstellung von der Welt passen, ist grundlegend für das Verständnis, warum Liebe nicht nur für unsere Zeit, sondern für alle Zeiten die Lösung ist. Es heißt in 1. Mose 1,27, dass wir zum Bilde Gottes geschaffen wurden. Christliche Denker aller Jahrhunderte haben mit der Frage gerungen, was das bedeutet, und mit einer Reihe von Antworten aufgewartet. Was bedeutet es *tatsächlich*, zum Bilde Gottes geschaffen zu sein?

Wir betrachten dazu die Bibelstelle aus 1. Mose 1,27 mit den Augen der Bibelwissenschaft und mit denen der Theologie John Wesleys, des Begründers des Methodismus.

Zeitgenössische Bibelwissenschaftler haben größere Klarheit in die Frage gebracht, was es heißt, zum Bilde Gottes geschaffen zu sein. Dabei richtet sich das Augenmerk auf die alten Israeliten und was ihnen in den Sinn gekommen sein mochte, wenn sie die Worte aus 1. Mose 1,27 hörten. Im antiken kulturellen und religiösen Kontext konnte sich der Begriff des Bildes eines Gottes auf eine Statue oder ein Bildnis beziehen, welches die Gottheit darstellte und als Zentrum der Verehrung diente; oder auf Könige und Priester, die im Namen dieser Gottheit handelten und denen daher gedient und gehorcht werden musste. Die in Stein gemeißelte Figur eines Gottes war dazu gedacht, das Wesen dieses Gottes darzustellen, während Könige und Priester die Interessen der Götter in der Gesellschaft vertraten. Der Autor von 1. Mose 1 verwendet diese gängigen Ideen in neuer Weise, indem er nicht Steinfiguren oder Könige und Priester, sondern alle Menschen beschreibt. Wenn also die alten

> **Als Menschen haben wir das Vorrecht und die Pflicht, Gott in der Welt zu repräsentieren.**

Israeliten diesen Ausdruck »zu seinem Bilde« hörten, war ihnen klar, dass alle Menschen geschaffen wurden, das Wesen des Gottes Israels darzustellen und Gottes Interessen in der Welt zu vertreten. Das heißt, dass wir als Menschen das Vorrecht und die Pflicht haben, Gott in der Welt zu repräsentieren. Unser Wesen, unser Lebensstil und unsere Taten sollen ein Bild dafür sein, wer Gott ist und was Gott in der Welt tut.

Im nächsten Kapitel des ersten Buches Mose lesen wir: »Gott der HERR nahm den Menschen und setzte ihn in den Garten Eden, dass er ihn bebaute und bewahrte« (1. Mose 2,15). Es ist bemerkenswert, dass die mit »bebauen« und »bewahren« übersetzten Wörter nicht nur landwirtschaftliche Bedeutung haben, sondern auch in religiösen Zusammenhängen verwendet werden und den Dienst der Priester und Leviten in der Stiftshütte beschreiben. Tatsächlich beziehen sich viele der Bilder, die den Garten Eden beschreiben, auch auf Symbole aus der Stiftshütte. Interessanterweise enden viele der Schöpfungsgeschichten von Nachbarvölkern Israels mit der Errichtung eines Tempels oder Heiligtums. In diesem Kontext erscheint es, als würden in der Bibel Menschen nicht nur als Bauern dargestellt, sondern als Priester, die der Erde und ihren Bewohnern Gottes Segen vermitteln.

Was hat das damit zu tun, wie wir das »zum Bilde Gottes geschaffen sein« verstehen? Gott hat Menschen erschaffen, damit sie Gottes Wesen widerspiegeln, Gottes Interessen repräsentieren und so eine Quelle des Segens für die Erde sind. Das wirft zwei weitere Fragen auf, die wir in diesem Kapitel untersuchen werden: *Wer ist Gott?* und *Wie ist Gott?*

Ein wesleyanisches Verständnis

Die Bezeichnung *methodistisch* geht zurück auf die Zeit, als John Wesley und einige seiner Freunde an der Universität von Oxford eine Art Club gründeten. Sie trafen sich regelmäßig und versuchten, ihr Leben anhand klarer Regeln zu ordnen. Dazu studierten sie die Bibel, nahmen wenigstens einmal in der Woche am Abendmahl teil und suchten nach praktischen Wegen, den Bedürfnissen von Armen, Ungebildeten, Gefangenen und anderen Menschen am Rande der Gesellschaft zu begegnen. Sie waren bereit, für diese notleidenden Menschen nicht nur ihren materiellen Besitz, sondern auch ihren Ruf zu opfern. Dieser aufopferungsvolle Einsatz für die Bedürftigen war ihnen nicht einfach eine Pflicht, sondern ein Weg, das Wesen Gottes auszudrücken, wie es sich in Jesus Christus offenbart. Sie versuchten, Christus in der Welt nachzuahmen. Diese Selbstverpflichtung, Christus nachzuahmen, hat einen tieferen Grund: Indem wir Christus als dem »Ebenbild des unsichtbaren Gottes« (Kolosser 1,15) folgen, verkörpern wir das Bild Gottes in der Welt. Als Wesley sein Verständnis davon entwickelte, wie Christus in der Welt nachzuahmen ist, kehrte er immer wieder zu 1. Mose 1,27 zurück, wo die Menschheit als zum Bilde Gottes geschaffen beschrieben wird. Dies wurde zu einem zentralen Thema in seiner Theologie. Er ging von drei Dimensionen des »Bildes Gottes« aus: (1) das *natürliche* Ebenbild, nämlich unsere Fähigkeit, zu denken, zu verstehen und verantwortliche Entscheidungen zu treffen; (2) das *politische* Ebenbild, das heißt unsere Berufung, Gott in der Welt zu repräsentieren, indem wir liebend und sorgend über die Schöpfung herrschen; (3) und das *moralische* Ebenbild, das sich auf unsere Berufung bezieht, das moralische Wesen Gottes zu verkörpern. In anderen Worten – wir sollen Gottes Wesen auf der Erde widerspiegeln. Wesleys Verständnis des moralischen Bildes Gottes – des Wesens Gottes –

wurde geformt durch die großartige Geschichte von Gottes Interaktion mit der Menschheit, wie sie in der Bibel geschildert ist und durch das Leben, den Tod und die Auferstehung Jesu am besten beschrieben wird.

Wesley verwendete einen weiteren Begriff, um den einzigartigen Platz zu beschreiben, den Menschen in Gottes Vorstellung von der Welt einnehmen: Es ist das Bild eines *Haushalters*. Ein Haushalter ist ein Diener, der betraut ist mit der Verantwortung für die Verwaltung, das Wohl und das Gedeihen des Anwesens und Vermögens seines Herrn. Als Haushalter muss er seinem Herrn darüber Rechenschaft ablegen. *Haushalterschaft* findet sich in heutigen Überlegungen in der beliebten Formulierung »Bewahrung der Schöpfung« wieder. Wesleys Verständnis ist noch viel umfassender: Alles, was wir besitzen, gehört Gott, und daher sind wir Haushalter von allem, was wir sind und haben. Wir sind folglich dazu berufen, alles, was wir sind und haben, dafür einzusetzen, damit Gottes Absichten in der Welt vorangetrieben werden und gedeihen. Hiermit kehren wir wieder zu den Fragen zurück: *Wer ist Gott?* und *Wie ist Gott?*

Wer ist Gott? und Wie ist Gott?

In der Bibel wird Gottes Wesen auf vielerlei Weise beschrieben. Gott selbst beschreibt in 2. Mose 34,6 sein eigenes Wesen als »barmherzig und gnädig und geduldig und von großer Gnade und Treue«. Im ganzen Alten Testament finden wir Verweise auf diese Aspekte von Gottes

Wesen – sie bestimmen, wer Gott ist und wie Gott handelt. Zum Beispiel begründet der Autor von Psalm 86,15 seinen Ruf nach Gottes Hilfe, indem er feststellt:

> Du aber, Herr, Gott,
>   bist barmherzig und gnädig,
>   geduldig und von großer Güte und Treue.

Vielleicht findet sich das bemerkenswerteste Zeugnis im Buch Jona, in dem sich Jona bei Gott darüber beklagt, dass dieser sich weigert, Ninive zu bestrafen: »Ach, HERR, das ist's ja, was ich dachte, als ich noch in meinem Lande war. Deshalb wollte ich ja nach Tarsis fliehen; denn ich wusste, dass du gnädig, barmherzig, langmütig und von großer Güte bist und lässt dich des Übels gereuen« (Jona 4,2).

Für Christen ist Gott vollkommen offenbart im Leben, in der Lehre, der Kreuzigung und der Auferstehung Jesu – das ist der Inbegriff von Gottes Barmherzigkeit, Erbarmen, Treue und Liebe. Jesu Gleichnisse verkünden die Liebe Gottes, besonders jenen gegenüber, die ausgeschlossen und verworfen sind; und seine Wunder sind Ausdruck seines Mitgefühls mit Kranken und Leidenden. Wenn Jesus diejenigen, die ihm nachfolgen, dazu aufruft, Gott nachzuahmen, hat er Gottes bedingungslose Liebe zu allen Menschen im Blick (Matthäus 5,43–48). Die Autoren des Neuen Testaments beschreiben die Kreuzigung übereinstimmend als den Ausdruck sich selbst hingebender Liebe, die das äußerste Opfer bringt, um Sünde und Böses zu überwinden. Am Kreuz enthüllt sich Gottes Wesen vollkommen. Daher kann 1. Johannes 4,8 Gottes Wesen

mit der einfachen Erklärung »Gott ist Liebe« zusammenfassen.

John Wesley hat in seinen Schriften über das Wesen
Gottes diese und andere Beschreibungen Gottes herangezogen. So auch in den folgenden Textausschnitten:

> Liebe existierte von Ewigkeit her in Gott, dem großen Meer
> der Liebe.[1]

> Gott wird oft heilig, gerecht, weise genannt; aber nicht Hei-
> ligkeit, Gerechtigkeit oder Weisheit an und für sich; denn
> man sagt, er sei Liebe: und man gibt damit zu verstehen, dass
> dies seine teuerste, seine alles umfassende Eigenschaft sei; die
> Eigenschaft, die einen gewinnenden Glanz auf all seine ande-
> ren vollkommenen Eigenschaften wirft.[2]

Johns Bruder Charles schrieb über Gottes Wesen in seinem Lied *Zeig dich, du unbekannter Mann*:

> O Liebe! Ja, du gabst dich hin,
> lockst Ohr und Herz zu dir hinauf.
> Der Tag bricht an, die Schatten fliehn,
> und deine Sonne geht mir auf.
> Wend dein Erbarmen allen zu!
> In allem Liebe – das bist du![3]

Was lernen wir daraus? Was wir als Zentrum von Gottes
Wesen erkennen, wird dafür prägend sein, wie wir über
andere Wesenszüge und Beschreibungen Gottes und über
Gottes Handeln denken. Wir werden zu einem ganz anderen Gottesverständnis gelangen, wenn wir beispielsweise
Souveränität und *Ehre* ins Zentrum der Beschreibung
von Gottes Wesen stellen. Dann wird Gott in erster Linie

als derjenige angesehen, der alles zu dem Zweck beherrscht, sich selbst Ruhm zu verschaffen. Gott wird dadurch zu einem Tyrannen, der verlangt, dass Menschen aufopferungsvoll handeln, um willkürlichen Gesetzen zu gehorchen. Wenn Gott dagegen *Liebe* ist, dann sind Gottes Gebote Ausdruck dafür, dass es ihm ums menschliche Wohl geht.

Aus der Bibel und der wesleyanischen Theologie erkennen wir, dass Gott Liebe ist, und Gottes Liebe ist leidenschaftliche Sorge für das umfassende Wohl der Menschen – für jeden von uns. Es gibt vier Perspektiven oder Schwerpunkte, von denen aus wir Gottes Liebe als leidenschaftliche Sorge betrachten können:

– *Gottes Liebe ist auf Beziehung ausgerichtet.* Gott hat den leidenschaftlichen Wunsch, uns in eine Beziehung zu ihm selbst zu ziehen und alle Hindernisse zwischen uns und ihm zu beseitigen. Erst in dieser Beziehung können wir die persönliche Erfüllung erlangen, die Gott für uns vorgesehen hat.

– *Gottes Liebe drückt sich aus in Erbarmen, Gerechtigkeit und Wahrheit. Gerechtigkeit* ist Gottes Zusage, uns danach zu behandeln, wer wir sind und was wir tun. *Erbarmen* ist Gottes Mitgefühl mit uns als leidenden und sündigen Menschen; dieses Erbarmen geht über *Gerechtigkeit* hinaus, indem wir trotz unserer Ablehnung Gottes geheilt und verwandelt werden sollen. *Wahrheit* ist Gottes Verlässlichkeit in Sein und Handeln, sodass wir immer darauf vertrauen können, dass Gott gemäß seinem in der Bibel offenbarten göttlichen Wesen und Willen handeln wird.

- *Gottes Liebe offenbart sich am Kreuz in vollkommener Weise.* Das ist die tiefe, teure, aufopferungsvolle Hingabe an die Menschen, die teilhat am Schmerz und Leid der Welt, um Heilung, Versöhnung und Verwandlung zu bringen.
- *Gottes Liebe ist nicht das Gegenteil von Gottes Zorn, denn Gottes Zorn schützt.* Gottes Zorn richtet sich gegen alles Zerstörerische, was uns daran hindern würde, das von Gott für uns vorgesehene Wohl zu erlangen.

Diese vier Perspektiven zu kennen, ist für eine Gesellschaft wichtig, in der die Vorstellung von Gottes Liebe oft mit einem vagen Begriff von Nettigkeit verwechselt wird. Gott wird dabei auf einen gutmütigen alten Mann reduziert. Als ob uns Sünde und Böses nicht bekümmern müssten, meinen wir, seinen Namen anrufen zu können, damit er unseren persönlichen Interessen diene. Gottes Hauptfunktion erschöpft sich dann darin, für unser oberflächliches Glück zu sorgen. Die in der Bibel offenbarte Liebe Gottes ist das genaue Gegenteil davon. Erst, wenn wir das verstanden haben, können wir mit John Wesley sagen: »Liebe ist das reine Bild Gottes; sie ist der Glanz seiner Herrlichkeit«.[4]

Liebe ist das reine Bild Gottes; sie ist der Glanz seiner Herrlichkeit.

Gott und andere lieben

Wenn Gott Liebe ist und wir zum Bilde Gottes geschaffen sind, dann will Gott, dass wir ganz von Liebe erfüllt sind. Als Spiegelbilder von Gottes Natur und Wesen in dieser Welt sollen wir Liebe zu Gott und Liebe zu anderen zeigen. Liebe sollte unsere gesamte Einstellung und alle unsere Gedanken, Worte und Taten begründen und formen. In unserer heutigen Kultur ist Liebe jedoch entwertet worden. Unterhaltungsmusik und Filme stellen Liebe meistens als romantisches Gefühl oder sexuelle Lust dar. *Ich liebe dich* heißt dann »ich liebe deinen Körper« oder »ich will dein Liebhaber sein« und hat nicht den hingebungsvollen Einsatz für das Wohl des anderen im Sinn. Über den engen Kreis von Familie und Freunden hinaus wird Liebe in der Regel als Geste der Güte oder Wohltätigkeit wahrgenommen, die keinerlei Rückwirkung auf das eigene Leben hat. In anderen Zusammenhängen, sogar in christlichen Kreisen, wird Liebe darauf reduziert, nett zu sein, keinen Staub aufzuwirbeln und vorzugeben, dass keine Probleme existieren. Solche »Liebe« ignoriert die Wirklichkeit von Sünde, Bösem und Leid und ist als solche nicht wirklich am Wohl anderer interessiert. Nicht selten werden tiefe, ungelöste Konflikte »mit Liebe« übertüncht.

Wir stehen vor der Aufgabe, zu einem biblischen und wesleyanischen Liebesverständnis zurückzufinden. Das werden wir im nächsten Kapitel ausführlich untersuchen. Hier wollen wir zunächst einige Schlüsselmerkmale biblischer Liebe hervorheben:

– Liebe zu Gott richtet das eigene Leben auf Gott aus. Das heißt: Gott aufrichtige Treue erweisen, ein Leben zur Ehre Gottes führen und alles ablehnen, was mit der Bindung zu Gott in Konkurrenz treten will.

– Liebe zu Gott erwächst nicht aus einem Pflichtgefühl. Sie entsteht aus Dankbarkeit für das, was Gott in Christus getan hat, und umfasst unser ganzes Sein.

– Liebe zu Gott nimmt Gestalt an in einem durch Gebet und Dank geprägten Leben, in der Teilnahme am gemeinsamen Gottesdienst, im Gehorsam gegenüber Gottes Geboten und im Vertrauen auf Gottes Fürsorge.

– Liebe zu anderen ist der aufopferungsvolle Einsatz für das konkrete und ganzheitliche Wohl aller Menschen, das sowohl geistliche als auch psychische, physische und soziale Aspekte umfasst.

– Liebe zu anderen erschöpft sich nicht in äußerlichen Taten. Sie geht einher mit inneren Haltungen und Antrieben wie etwa Geduld, Demut, Sanftmut, Gerechtigkeit, Opferbereitschaft und Güte.

– Liebe zu Gott führt zur Sorge um die Erde und Zuwendung zu ihren Geschöpfen, denn diese wurden von Gott geschaffen und auch ihnen gilt Gottes Sorge und Zuwendung.

Wenn wir sagen, dass wir zum Bilde Gottes geschaffen sind, dann heißt das zusammengefasst: Wir sind geschaffen, Gottes Wesen widerzuspiegeln, indem wir Gott und die Nächsten lieben und als Haushalter die uns von Gott anvertrauten Gaben so einsetzen, dass sie dem umfassenden Wohl anderer dienen, um so eine Quelle des Segens für die Welt zu sein. Es entspricht Gottes Willen und seinem Plan, dass wir in Verbindung mit ihm leben, in Gemeinschaft mit anderen und in Wechselbeziehung mit der Schöpfung.

Wir wurden für die Liebe geschaffen, aber da gibt es ein Problem: Anstatt Gott und andere zu lieben, kreisen wir nur um uns selbst. Anstatt Gott in den Mittelpunkt unseres Lebens zu stellen und so unser Leben auf diejenigen auszurichten, die Gott geschaffen hat und liebt, machen wir das Ich zum Zentrum unseres Lebens. Diese Selbstliebe drängt Gott zur Seite und hält uns davon ab, andere zu lieben. Das ist die Wurzel der Sünde, die unser Leben, unsere Gemeinschaften und Gesellschaften durchdringt. Das betrifft alle Bereiche menschlichen Lebens. Menschen, die ihren finanziellen Erfolg zum Mittelpunkt ihres Lebens machen, vernachlässigen oft Ehepartner und Kinder. Wenn wir in wirtschaftliche und soziale Bereiche Einblick nehmen, sehen wir Unternehmen, die Arbeitnehmer ausbeuten und Kunden übervorteilen und denen Profite wichtiger sind als Menschen. Politiker, die in die eigene Macht und Stellung verliebt sind, fördern Gesetze, die ihre Wiederwahl sicherstellen, selbst wenn diese anderen Leid zufügen. Gegebenenfalls werden bestimmte Gruppen innerhalb der Gesellschaft bewusst zum Sündenbock gemacht.

Doch es gibt auch eine gute Nachricht. Wie wir in Wesleys Schriften sehen, ist der Kern der Botschaft des Evangeliums, dass Gott uns, trotz unserer Selbstbezogenheit und ihrer tragischen Folgen, noch immer liebt. Er weigert sich, damit aufzuhören, uns zu lieben. Gott handelt aus

Liebe, um uns so zu verwandeln, dass seine Liebe zum Zentrum unseres Lebens werden kann.

Gottes Mission in der Welt

Gott hat eine Mission in der Welt, und Liebe ist das Herzstück dieser Mission. Weil Gott uns liebt, will er unsere Herzen verwandelt sehen in Heiligung und Neugeburt. Diese Verwandlung des menschlichen Herzens steht im Zentrum von Wesleys Nachdenken über Gott und Menschheit. Wenn wir verstehen wollen, was Wesley damit meinte und wie dies mit seinem Verständnis von Kirche zusammenhängt, müssen wir Wesleys umfassendere Vorstellung davon untersuchen, was Gott in der Welt tut und welchen Stellenwert die Liebe dabei hat.

Gott hat eine Mission in der Welt, und Liebe ist das Herzstück dieser Mission.

Die Wiederherstellung unserer Fähigkeit zu lieben

Gottes Mission beginnt mit Gnade. Unsere Fähigkeit, vollkommen und rückhaltlos zu lieben, wird durch Gottes Gnade wiederhergestellt. In anderen Worten: Gott weigert sich, die Menschen zu verwerfen, vielmehr nimmt er ihre Verwerfung auf sich und wirkt fortwährend in ihrem Leben, indem er sie hinlockt zum ursprünglichen Ziel – dass ihr Leben von Liebe durchdrungen sein möge. Dies beginnt mit dem, was Wesley als *zuvorkommende* Gnade bezeichnet. Was Wesley damit meinte, können wir nur verstehen, wenn wir wissen, was Wesley unter *Gnade* verstand. Gnade ist die verzeihende und verwandelnde Gegenwart von Gottes Geist, die uns von unserer Selbstbezogenheit befreit und zu einer dynamischen Gottesbeziehung hinzieht, sodass wir zu Geschöpfen werden, die von Gottes Liebe gesättigt sind. Zuvorkommende Gnade ist Gottes Gegenwart und Wirken in allen Menschen, die den Prozess begründet, der uns in eine verwandelnde Gottesbeziehung führt. Daher ist für Wesley Gottes Geist immer dort am Werk, wo sich Menschen von ihrer Selbstbezogenheit abwenden und einem Leben zuwenden, das das Wohl anderer sucht. Das gilt unabhängig davon, ob diese Person um die Gnade Gottes weiß, Christ ist oder irgendeine Kenntnis von Gott hat. Wir können dies wie folgt zusammenfassen:

- Gnade ist die Gegenwart und Kraft des Heiligen Geistes.
- Gnade erleuchtet, befähigt und verwandelt uns.
- Gnade bewirkt in uns, dass wir werden, wie Gott uns gewollt hat: von Liebe gesättigte Geschöpfe.
- Gnade ist persönlich und daher immer dynamisch und interaktiv.
- Gnade befähigt, aber sie zwingt nicht.
- Gnade ist frei, und ihre Folgen sind unvorhersehbar.
- Gnade ist in der Tiefe des menschlichen Wesens am Werk.
- Gnade ist im wechselseitigen Zusammenwirken von Menschen, Gemeinschaften und Gesellschaften am Werk.
- Gnade begegnet uns durch Mittel oder Werkzeuge.

Zuvorkommende Gnade wirkt in einer atheistischen Ärztin, die sich unter Gefahr ihres eigenen Lebens »Ärzte ohne Grenzen« anschließt, um kranken und leidenden Menschen zu helfen. Sie ist in einem hinduistischen Politiker am Werk, der seine politische Laufbahn dem Aufstieg der Armen widmet. Zuvorkommende Gnade ist auch in der Kirche und durch den Dienst der Kirche am Werk. Sie wirkt zum Beispiel im Leben von Kindern, die kirchlich aufwachsen und sich nicht erinnern können, wann sie zu einem persönlichen Glauben an Christus gefunden haben. Sie haben den Eindruck, dass Christus schon länger Teil ihres Lebens ist, als sie sich erinnern können. Geradezu aufsehenerregend kann Gnade auch durch die Predigt des Evangeliums wirken, sodass diese tief ins Leben von Menschen eindringt, sie spektakulär zum Glauben an Christus führt und sie verwandelt. Gnade verwandelt eine selbstbezogene Geschäftsperson, die nur auf ein möglichst großes Vermögen aus ist, in einen Menschen, der sich Gott und dem Wohl anderer widmet. Gnade ist so facettenreich, wie die Menschen sind. Sie begegnet uns unvermutet in der Not und zieht uns zum Gott der Liebe. Wesley beschrieb die zuvorkommende Gnade als Gegenwart und Wirken des Heiligen Geistes in allen Menschen, in allen Gesellschaften und allen Kulturen, die jeder menschlichen Reaktion und sogar dem Verstehen vorausgeht. Die zuvorkommende Gnade ist die Gnade, die uns befreit und befähigt, Gottes Liebe zu erwidern. Die zuvorkommende Gnade wirkt durch den Heiligen Geist, der Menschen aus ihrer Selbstbezogenheit in eine verwandelnde Gottesbeziehung zieht und sie dadurch befreit und befähigt, Gott und die

Mitmenschen zu lieben. Wesleys Lehre von der zuvorkommenden Gnade hat viele Dimensionen. Die folgenden sind für unsere Betrachtung von Bedeutung:

– Zuvorkommende Gnade bewirkt in allen Menschen einen Sinn für Richtig und Falsch.
– Zuvorkommende Gnade schafft ein grundlegendes Bewusstsein für Gottes Gebot, die anderen zu lieben wie uns selbst.
– Zuvorkommende Gnade befähigt alle Menschen, dieses grundlegende Gebot in die Tat umzusetzen.
– Zuvorkommende Gnade erzeugt eine Sehnsucht nach Gemeinschaft mit Gott, auch wenn Menschen nicht dazu fähig sind, diesen Wunsch zu formulieren.
– Zuvorkommende Gnade bereitet den Weg für eine umfassendere Offenbarung von Gottes Absicht für die Menschheit.

Wir finden bei allen Menschen und in allen Gesellschaften eine merkwürdige und instabile Mischung, die aus den Folgen menschlicher Selbstbezogenheit und der schon wirkenden zuvorkommenden Gnade entsteht. Es sollte uns nicht überraschen, wenn wir auf Menschen stoßen, die anderen Glaubens oder ohne Glauben sind und keinerlei Berührung mit dem Christentum haben und die trotzdem nach der Goldenen Regel leben. In etlichen seiner Schriften beschreibt Wesley das Ausmaß von Gerechtigkeit, Erbarmen und Wahrheit in nicht-christlichen Gesellschaften und stellt dies in positiver Weise der Ungerechtigkeit, Grausamkeit und Unaufrichtigkeit gegenüber, die in »christlichen« Gesellschaften Europas zu finden sind. Alle Gesellschaften belegen die lieblose, selbstsüchtige Natur der Menschheit, aber auch die Gegenwart der zuvorkommenden Gnade, die bereits am Werk ist und die Fähigkeit wiederherstellt, Gott und die anderen zu lieben.

Gott, Israel und Liebe in der Bibel

Obwohl Gott zu allen Menschen in seiner vorausgehenden Gnade eine Beziehung herstellt, hat Gott sich entschieden, zum Volk Israel eine besondere Verbindung zu pflegen. Mit diesem Volk schloss Gott einen Bund und betraute es mit Weisungen für ein Leben in Gottes- und Nächstenliebe. Vielleicht lässt sich die Beziehung Gottes zu Israel am besten als konzentrierte Form zuvorkommender Gnade verstehen, die den Weg für das Kommen Christi bereitet. Nach Wesleys Verständnis bereitete Gott das Kommen Christi vor, indem er Israel eine eingehendere Darstellung offenbarte, wie die Menschen seiner Vorstellung nach leben sollten. Die Zehn Gebote und die ethischen Gesetze, die sich vom zweiten bis ins fünfte Buch Mose sowie in den Schriften der Propheten finden, lehren, was es heißt, Gott und unsere Mitmenschen zu lieben. Sie erklären, was Liebe in bestimmten Situationen verlangt. Wenn man beispielsweise den eigenen Nachbarn liebt, wird man es unterlassen, diese Person zu bestehlen. Das Moralgesetz geht dann mehr ins Detail, beispielsweise mit Geboten, wie für Arme, Witwen, Waisen und Fremde zu sorgen ist.

Viele Christen finden die Gesetze für Israel im Alten Testament schwierig zu verstehen, und zumindest einige scheinen überholt. Wesley näherte sich den alttestamentlichen Gesetzen, indem er sie im Lichte dreier Kategorien interpretierte: das *Moralgesetz*, das *Ritualgesetz* und das *Zivilgesetz*. Das Ritualgesetz bezieht sich auf die verschiedenen religiösen Rituale, Zeremonien und die dazugehörigen Regelungen. Das Zivilgesetz ordnet die Belange der Zivilgesellschaft Israels in jener Zeit. Das Moralgesetz dagegen sei zeitlos und universal und gelte der ganzen Menschheit. Wesley deutete das Moralgesetz so, dass es Gottes Wille sei, Israel und die ganze Menschheit zu befähigen, Geschöpfe der Liebe zu werden.

Die Unterteilung der alttestamentlichen Gesetze in drei Kategorien geht nicht auf Wesley zurück; sie findet sich in den Glaubensartikeln der Kirche von England und reicht sogar bis vor Thomas von Aquin im dreizehnten Jahrhundert zurück. Diese Herangehensweise ans Alte Testament geht davon aus, dass die rituellen und zivilen Gesetze nur für Israel galten, die moralischen Gesetze hingegen bleibende Bedeutung haben, da sie das Wesen Gottes widerspiegeln, der Liebe ist. Wie Wesley erkannt hat, ist es nicht immer leicht zu entscheiden, zu welcher Kategorie ein bestimmtes Gesetz gehört. Tatsächlich haben einige Gesetze moralische, rituelle und zivile Aspekte. Ein interessantes Beispiel hierfür ist das Gesetz zu den Sabbat- und Erlassjahren (2. Mose 23,10–11; 3. Mose 25,1–55; 5. Mose 15,1–18). Wie auch beim Sabbattag können Aspekte dieser Gesetze als zeremoniell angesehen werden, als Teil des rituellen Lebens Israels. Sie hatten auch konkrete zivilrechtliche Bedeutung, indem sie Bestimmungen zum Schuldenerlass, zur Freilassung von Sklaven und für die Rückgabe von Land an die ursprünglichen Besitzer festlegten. Doch der Kern dieser Bestimmungen war Ausdruck der Liebe zu den Armen und Bedürftigen, zu jenen, die schwere Zeiten durchlitten hatten, und zum Land selbst. Wesley fasste die Ansprüche des Moralgesetzes oft in drei Begriffen zusammen: *Gerechtigkeit*, *Erbarmen* und *Wahrheit*. Für alle drei gibt es Beispiele in den alttestamentlichen Gesetzen. *Gerechtigkeit* verlangt ein faires Verfahren für Menschen, denen Verbrechen zur Last gelegt werden. Außerdem dient Gerechtigkeit dazu, den schwächsten Gliedern der Gesellschaft besondere Aufmerksamkeit zu gewähren, um sicherzustellen, dass diese nicht ausgenutzt werden. *Erbarmen* geht darüber hinaus und versucht die Bedürfnisse derjenigen zu befriedigen, die von Wohlstand und Macht ausgeschlossen sind. Bauern wurden angewiesen, einen Teil der Ernte auf den Feldern für die Armen, Witwen, Waisen und Fremden zurückzulassen. Dieselben Gruppen wurden neben den Leviten als Nutznießer von Israels Zehnten genannt. *Wahrheit* erforderte Ehrbarkeit in allen Bereichen des Lebens, weshalb den Israeliten verboten war, falsche Maße oder Gewichte zu verwenden.

Nach Wesleys Verständnis war es Gottes Absicht, dass Israel eine vorläufige Verkörperung der göttlichen Liebe sein sollte, die über sich selbst hinaus auf das Kommen des Messias hinwies. Das wiederholte Scheitern des Volkes Israel, das ganze Gesetz zu halten, hat eine Sehnsucht nach einem neuen Zeitalter geweckt, in welchem Gott das menschliche Herz verwandeln würde. Diese Dynamik ist in den Schriften der Propheten abgebildet. Jeremia ist dafür ein gutes Beispiel. Jeremia 2 schildert Gottes Liebe zum Volk Israel und dessen beharrliche Ablehnung Gottes – der Quelle ihres Lebens – zu Gunsten anderer Götter. Diese Abwendung von Gott zeigte sich in der Aneignung eines selbstbezogenen Lebensstils, der auf Ausbeutung der Armen und Schwachen gründete (Jeremia 5,26–28; 9,1–6; 22,11–17). Widerwillig und voller Mitgefühl kündigt Jeremia seinem Volk Gottes Gericht an. Dennoch ist Gericht nicht das letzte Wort, und er spricht von der Wiederherstellung des Volkes und der Erneuerung des Bundes. Diese Hoffnung auf die Zukunft erreicht ihren Höhepunkt in der Prophezeiung eines neuen Bundes:

> [D]as soll der Bund sein, den ich mit dem Hause Israel schließen will nach dieser Zeit, spricht der Herr: Ich will mein Gesetz in ihr Herz geben und in ihren Sinn schreiben, und sie sollen mein Volk sein, und ich will ihr Gott sein. Und es wird keiner den andern noch ein Bruder den andern lehren und sagen: »Erkenne den Herrn«, denn sie sollen mich alle erkennen, beide, Klein und Groß, spricht der Herr; denn ich will ihnen ihre Missetat vergeben und ihrer Sünde nimmermehr gedenken. (Jeremia 31,33–34)

Nach Wesleys Auffassung wies diese Hoffnung, die sich in vielfältiger Weise ausdrückte, auf etwas dramatisch Neues in Gottes liebevoller Beziehung zur Menschheit hin.

Das dramatisch Neue geschah mit dem Kommen Jesu. Es war der Auftakt des Reiches der Gnade und Liebe Gottes. Gott begann etwas Neues, aber es war derselbe Gott, der den Bund mit Israel geschlossen hatte und jetzt etwas völlig Neues tat. Es gibt sowohl einen Zusammenhang als auch einen Bruch zwischen Gottes Beziehung zu Israel und dem Neuen, das in Jesus geschah. Die Hoffnungen des Alten Testaments werden aufgenommen und verwandelt. Das ist ein Ausdruck von Gottes fortgesetzter Treue zum Volk Israel. Wie im Alten Testament bleibt die Liebe auch für das Leben, den Dienst und die Botschaft Jesu von zentraler Bedeutung. Aus tiefer Liebe zu den Bedürftigen und aus Barmherzigkeit heilt er Kranke und speist Hungrige, öffnet er die Augen von Blinden und weckt Tote auf. Er lebte in Solidarität mit den Ausgestoßenen der Gesellschaft. Seine Nachfolger wies er an, ein Leben in Liebe zu führen, nicht nur den Nächsten, sondern auch den Feinden gegenüber. Er kam, um zu dienen und sein Leben für andere zu geben, und rief seine Anhänger dazu auf, das Gleiche zu tun, nämlich ihr Kreuz auf sich zu nehmen und ihm in aufopferungsvollem Einsatz für das Wohl ihrer Mitmenschen zu folgen.

Jesus Christus ist die menschgewordene göttliche Liebe. Sein in der Kreuzigung total ausgeliefertes Leben verkörpert, was es heißt, Gott und die Nächsten zu lieben.

Das dramatisch Neue, das in Jesus geschah, kann aus verschiedenen Blickwinkeln wahrgenommen werden:

- Jesus Christus ist die menschgewordene göttliche Liebe. Sein in der Kreuzigung total ausgeliefertes Leben verkörpert, was es heißt, Gott und die Nächsten zu lieben.
- Jesus Christus kommt als der große Prophet, der das Moralgesetz in seiner umfassenden Bedeutung enthüllt. Dabei betont Jesus, wie wichtig die innere Motivation ist, die dem von außen wahrnehmbaren Gehorsam zugrunde liegt.
- Jesus Christus kommt als der große Priester, dessen Tod Sündenvergebung bringt.
- Jesus Christus kommt als der König, der in uns regiert, um uns so zu verwandeln, dass wir dem Moralgesetz gehorchen.
- Jesus Christus steht von den Toten auf als Sieger über die Sünde und das Böse.
- Der Heilige Geist kommt zu Pfingsten, um uns von innen heraus zu verwandeln, damit wir die Macht der Sünde in unserem Leben überwinden können.

Das Reich der Gnade Gottes ist eine Fortsetzung und Erweiterung der Wirklichkeit, die mit Gottes Offenbarung an Israel begonnen und im Tod und in der Auferstehung Jesu ihren Höhepunkt erreicht hat. Dieses Reich verwirklicht sich aber auch in den Herzen der Menschen und macht aus Einzelwesen Geschöpfe, die lieben. Das Reich der Gnade Gottes durchdringt das ganze menschliche Sein und bewirkt eine grundlegende Verwandlung innerer Motive, Wünsche, Einstellungen und Verlockungen und führt zu einer radikalen Verhaltensänderung. Das Verhalten wird nicht mehr von einer selbstsüchtigen, auf das eigene

Befinden ausgerichteten Aufmerksamkeit geprägt sein, sondern von der Liebe zu Gott und zu den Nächsten. Diese Veränderung im Verhalten von Menschen wird zur Verwandlung von Gesellschaften und Kulturen führen, weil diejenigen, die von Gott verwandelt wurden, Gerechtigkeit, Erbarmen und Wahrheit in allen Dimensionen der Gesellschaft voranbringen. Daher, so Wesley, ist Christus gekommen, um Sünde und Böses zu zerstören und »das Feuer himmlischer Liebe über die ganze Erde«[5] zu verbreiten. Wenn also das Reich der Gnade Gottes in den Menschen zur Entfaltung kommt, werden sie aus der Macht der Sünde und des Bösen befreit. Sie werden befähigt und gestärkt, Gott und ihre Mitmenschen zu lieben, und sie werden in einer Weise erneuert, die sie zu einer Quelle des Segens für die Welt werden lässt. Kurz gesagt: Sie verwandeln sich so, dass sie Gottes Wesen widerspiegeln und Gottes Interessen repräsentieren, indem sie an dem mitwirken, was Gott in der Welt tut.

Wesley war davon überzeugt, dass die von Christus in den Menschen herbeigeführte Veränderung dazu führen werde, dass Gottes Wille wie im Himmel so auf Erden geschehe, und dass »Liebe das Wesen des Himmels ist«[6]. Er hoffte auf eine Zeit, in der die Liebe menschliche Gesellschaften durchdringen werde, sodass diese von Gerechtigkeit, Erbarmen und Wahrheit geprägt würden. Wesley beschrieb diese Vision einer verwandelten Welt unter Verwendung einer Vielzahl biblischer Stellen in seiner Predigt *Biblisches Christentum*: Er freute sich auf eine Zeit des Friedens, in der Krieg, Gewalt, Unrecht und Unterdrückung nicht mehr sein werden, in der Barmherzigkeit und

Erbarmen an die Stelle von Grausamkeit treten und in der alles Reden friedfertig, gütig und aufrichtig ist. Im Original klingt das so:

Angenommen, jetzt wäre die Fülle der Zeit gekommen und die Weissagungen wären erfüllt. Welch ein Anblick wäre das! Alles ist »Frieden, Ruhe und Sicherheit für immer«. Es gibt kein Waffengeklirr, keinen »dröhnenden Lärm«, keine »Kleider durch Blut geschleift«. »Das Zerstören hat für immer ein Ende.« Kriege haben aufgehört auf der Erde. Auch internen Streit gibt es nicht mehr; Bruder erhebt sich nicht gegen Bruder, kein Land und keine Stadt sind in sich gespalten und reißen ihre eigenen Innereien heraus. Bürgerstreit ist für immer vorbei, und keiner ist mehr da, der seinen Nachbarn vernichtete oder verletzte. Hier gibt es keine Unterdrückung, die selbst »den Weisen verblendet«, keinen Wucher, der »das Angesicht der Armen zermalmt«, weder Raub noch Unrecht, weder Plünderung noch Ungerechtigkeit, denn alle sind »zufrieden mit dem, was sie besitzen«. So »küssen sich Gerechtigkeit und Friede«; sie haben »Wurzeln geschlagen und füllen das Land«; Gerechtigkeit erblüht auf der Erde und »Friede schaut vom Himmel herab«.
Mit Rechtschaffenheit und Gerechtigkeit ist auch Barmherzigkeit zu finden. Die Erde ist keine »Heimstatt der Grausamkeit« mehr. »Den Blutrünstigen« und Boshaften wie den Missgünstigen und Rachsüchtigen »hat der Herr vernichtet«. Gäbe es irgendeinen Anlass zum Streit, so wäre niemand da, der wüsste, »Böses mit Bösem zu vergelten«; doch gibt es tatsächlich keinen, der Böses täte, nein, nicht einen; denn alle sind »ohne Falsch wie die Tauben«. »Erfüllt mit Frieden und Freude im Glauben« und vereint in einem Leib durch einen Geist, sind alle »voll brüderlicher Liebe«, alle ein »Herz und

eine Seele, und keiner von ihnen sagt von seinem Besitz, dass er sein eigen wäre«. Keiner von ihnen leidet Mangel, denn jeder liebt seinen Nächsten wie sich selbst. Alle leben nach der einen Regel: »Alles das, von dem ihr wollt, dass andere Menschen es euch tun sollen, das tut auch ihnen.«

Folglich wird kein unfreundliches Wort je bei ihnen gehört – kein »Gezänk der Zungen« noch irgendwelche Streitereien, kein Geschimpfe noch Übelreden; vielmehr tut jeder »seinen Mund auf mit Weisheit und auf seiner Zunge ist freundliche Weisung«. Ebenso unfähig sind sie zu Betrug und Arglist, ihre »Liebe ist ohne Falsch«. Ihre Worte drücken stets genau ihre Gedanken aus, sie öffnen ein Fenster ins eigene Herz, so dass jeder, der will, hineinschauen und sehen kann, dass nur Liebe und Gott darin sind.[7]

Diese Vision war zu Wesleys Zeit nicht realistischer, als sie es heute ist. Großbritannien war in zahlreiche Kriege verwickelt; es herrschten politische Instabilität und sogar Rebellion; Korruption und Verbrechen grassierten; das Wohlstandsgefälle zwischen Reich und Arm war riesig; die Armen wurden ausgebeutet und unterdrückt; Unmenschlichkeit und Grausamkeit durchzogen einen Großteil der Gesellschaft. Dennoch war Wesley davon überzeugt, dass dies geändert werden könnte. Er hatte Gottes verwandelndes Wirken in seinem eigenen Leben erfahren und auch gesehen, wie Gott das Leben anderer verwandelte. Mit Gott war das möglich. Unsere moderne Welt sieht sich mit Konflikten und Spannungen jeder Art konfrontiert. Kriege und Gewalt fordern weiterhin das Leben von Tausenden. Unterdrückung und Ungerechtigkeit sind Kennzeichen vieler Gesellschaften. Rassismus infiziert viele Gesellschaften. Menschen, besonders Frauen und Kinder, werden wie Waren gehandelt und in der Sexindustrie ausgebeutet. Die Schere zwischen Arm und Reich öffnet sich immer weiter. Die Schutzbedürftigen werden ausgenutzt. Religiöse Minderheiten werden diskriminiert und verfolgt. In vielen Teilen der Welt begegnen homosexuelle Menschen und Menschen mit anderer sexueller Orientierung persönlicher und zum Teil institutioneller Gewalt. Verbrechen, Gewalt und Terror – sowohl international als auch lokal – sind Teil des Alltags vieler Menschen.

Da Wesley die Auswirkungen einer Erweckung des Christentums beobachtete, an der auch der Methodismus Anteil hatte, war er davon überzeugt, den Beginn eines Prozesses weltweiter Verwandlung mitzuerleben. Aus heutiger Sicht, gut 250 Jahre später, können wir sehen, dass der Methodismus und die mit ihm verbundenen Bewegungen bedeutende Wirkung auf menschliche Gesellschaften ausübten – und weiterhin ausüben. Um nur wenige Beispiele zu nennen: Weltweit beteiligten sich Methodisten in verschiedensten Situationen am Kampf für Gerechtigkeit, beispielsweise gegen die Apartheid in Südafrika oder in der Bürgerrechtsbewegung in den USA. Europäische Methodisten engagierten sich, um Migranten auf der Flucht vor Krieg, Armut und Verfolgung Gastfreundschaft zu erweisen. Die Evangelisch-methodistische Kirche förderte die Versöhnung von Russen und Ukrainern nach den Konflikten auf der Krim und deren Annexion durch Russland. In der Demokratischen Republik Kongo sorgen Gemeinden der Evangelisch-methodistischen Kirche für Betreuung und Heilung von Opfern der Bürgerkriege, besonders der vielen Frauen, die systematisch vergewaltigt wurden. Kirchenglieder engagieren sich gegen Menschenhandel und betreuen dessen Opfer in der Sexindustrie. Es gibt eine Vielzahl von Hilfsprogrammen für Arme und Hungernde. Zahlreiche Bildungsprojekte dienen der Ausbildung künftiger Führungspersonen.

Obwohl Methodisten nicht den ganz tiefgreifenden Wandel herbeiführten, auf den Wesley hoffte, zeigte ihr Einsatz doch Wirkung, wenn sie wie »heißes Wasser« geworden sind, »vom Feuer der Liebe durchdringend erwärmt«[8].

Wesleys Hoffnung auf die Veränderung von Menschen, die zur Veränderung von Gesellschaften und Kulturen führen sollte, war nicht seine weitreichendste Hoffnung. Für ihn war dies nur der Vorgeschmack auf einen weit größeren Wandel: das Kommen des Reiches der Herrlichkeit, wenn Christus wiederkehrt. Wesleys Ansichten über die Wiederkunft Christi und die damit verbundenen Ereignisse sind ziemlich komplex, spekulativ und manchmal nicht ganz verständlich. Er scheint seine Meinung im Laufe der Jahre geändert zu haben. Die vielleicht wichtigste Veränderung in seinem Denken führte ihn davon weg, die endgültige Bestimmung der verwandelten Menschheit als ein Dasein im Himmel in der Gegenwart Gottes zu sehen, und stattdessen dahin, die endgültige Bestimmung der Menschheit als Teil einer verwandelten neuen Schöpfung zu sehen, die von der Gegenwart Gottes durchdrungen ist. Die komplexen und spekulativen Details sind nicht so wichtig wie die Vision eines neuen Himmels und einer neuen Erde. Diese Vision hat vier Hauptaspekte:

Erstens geht ihr das Gericht voraus. Das Gericht ist in einem Großteil der gegenwärtigen Christenheit kein beliebtes Thema. Es wird oft als unzeitgemäß und extremistisch betrachtet. Wie auch immer wir zum Gericht stehen, es ist aus zwei Gründen ein wichtiger Teil der Theologie Wesleys: (1) Gericht bedeutet, dass wir vor Gott dafür verantwortlich sind, wie wir gelebt haben; (2) Gericht ist die endgültige Wegnahme der Sünde und des Bösen aus dieser Welt.

Zweitens ist die neue Schöpfung nicht auf die Menschheit begrenzt. Wesleys Vision schloss die Auferstehung von Tieren und die Verwandlung aller Kreatur mit ein. Er gab zu, dass dies ein Geheimnis jenseits unseres Verständnisses sei.

Drittens werden in der neuen Schöpfung Sünde, Leid und Böses nicht mehr sein. Sie ist der Triumph der Liebe Gottes über alles, was ihr entgegensteht.

Viertens ist das letzte Ziel »eine tiefe, innige, stete Verbindung mit Gott; eine beständige Gemeinschaft mit dem Vater und seinem Sohn Jesus Christus durch den Heiligen Geist; eine immerwährende Freude am dreieinen Gott und allen seinen Geschöpfen«[9].

Gottes höchstes Ziel ist die Verwandlung aller Dinge, indem sie durchdrungen werden von der Gegenwart Gottes, der Liebe ist.

Fazit

Lassen Sie uns kurz wiederholen, was wir in diesem Kapitel entdeckt haben.

Erstens: Das Wesen Gottes wird am besten durch die radikale Liebe beschrieben, die sich am Kreuz offenbart hat. Daher ist die Liebe Fundament und Ziel von Gottes Absichten und Gottes Wirken in dieser Welt.

Zweitens: Gottes Absicht in der Schöpfung ist, dass Menschen Gottes Liebe widerspiegeln sollen und Gottes Interessen repräsentieren, indem sie Gott und ihre Mitmenschen lieben. Auf diese Weise sind sie eine Quelle des Segens für die Welt.

Drittens: Daran sind die Menschen gescheitert. Stattdessen sind sie zutiefst auf sich selbst bezogen. Gott aber weigert sich, die Menschheit aufzugeben, und handelt in Gnade, um uns Menschen aus unserer Selbstbezogenheit zu befreien.

Viertens: Die Verwandlung von zuvor auf sich selbst bezogenen Menschen durch Gottes Liebe hat die Verwandlung von Gesellschaften und Kulturen zur Folge, sodass diese durch Gerechtigkeit, Erbarmen und Wahrheit der Liebe Ausdruck verleihen.

Im nächsten Kapitel werden wir ausführlicher untersuchen, wie wir unseren Platz in dem finden können, was Gott in der Welt tut. Diese beiden ersten Kapitel bilden zusammen die Grundlage für den Rest des Buches, in dem wir entdecken werden, wie die Kirche in ihren verschiedenen Formen an dem teilhat, was Gott tut.

Anregungen zum Gespräch

Was bedeutet, zum Bilde Gottes geschaffen zu sein?

Gottes Liebe
– ist auf Beziehung ausgerichtet,
– drückt sich in Gerechtigkeit, Erbarmen und Wahrheit aus,
– offenbart sich am Kreuz,
– ist nicht das Gegenteil von Gottes Zorn, denn Gottes Zorn schützt.

Was entdecken Sie in diesen Beschreibungen neu über Gott, der radikale Liebe ist?

Sprechen Sie über die Anregungen des Autors, was Liebe zu Gott und Liebe zu den Nächsten bedeuten kann. Gibt es neue Einsichten?

Wie und wo erleben wir Gottes zuvorkommende Gnade in uns und in der Welt?

Was bedeutet uns die letztgültige Hoffnung, dass eines Tages alle Dinge von der Gegenwart Gottes, der Liebe ist, verwandelt sein werden?

2

Ein von Gottes Liebe gesättigtes Leben

Stellen Sie sich vor, Sie fahren im Aufzug eines Hochhauses ins Erdgeschoss hinunter. Im zehnten Stock steigt eine weitere Person zu Ihnen in den Aufzug. Während die Tür sich schließt, fordert Sie die Person auf: »Könnten Sie mir bitte eine Frage beantworten? Was ist ein Christ?« Im Wissen, dass Sie nur die Zeit während der Fahrt vom zehnten Stock ins Erdgeschoss haben, wie würden Sie so eine Frage beantworten?

Wenn John Wesley schilderte, was es heißt, ein Christ zu sein, verwendete er oft zwei einfache Umschreibungen, wobei sein genauer Wortlaut immer wieder variierte. Die erste Umschreibung lautet: jemand, der Gott liebt und infolgedessen seine Nächsten liebt wie sich selbst. In seiner Schrift *Gedanken über die christliche Vollkommenheit* schreibt Wesley:

Ein Methodist ist jemand, der Gott, seinen Herrn, von ganzem Herzen, von ganzer Seele, mit ganzem Denken und mit aller Kraft liebt. Gott ist die Freude seines Herzens und die Sehnsucht seiner Seele. [...]

Und wenn er Gott liebt, »liebt er seinen Nächsten wie sich selbst«; er liebt jeden Menschen wie seine eigene Seele. Er liebt seine Feinde, ja, auch die Feinde Gottes. Und wenn es nicht in seiner Macht steht, »denen wohlzutun, die [ihn] hassen«, hört er doch nicht auf, »für sie zu beten«, obwohl sie seine Liebe verachten und ihn »beleidigen« und »verfolgen«.[10]

Die zweite Umschreibung lautet: jemand, der die Gesinnung Christi hat und den Willen Gottes zu tun sucht. Wesley stellt dazu fest:

Diesem einen Verlangen entspricht auch die ganze Gestaltung seines Lebens, nämlich: »nicht seinen eigenen Willen tun, sondern den Willen dessen, der ihn gesandt hat«. Jederzeit und überall richtet er sich darauf aus, nicht sich selbst zu gefallen, sondern dem, »den seine Seele liebt«.[11]

In etlichen seiner Schriften lotet Wesley diese Umschreibungen ausführlicher aus. Es ist bemerkenswert, dass sein Augenmerk nicht auf bestimmten Glaubensrichtungen und religiösen Praktiken liegt, sondern auf der Verwandlung des Wesens eines Menschen. Wenn wir uns erinnern, was wir im letzten Kapitel diskutiert haben, könnten wir sagen, dass aus wesleyanischer Sicht ein Christ jemand ist, der in Gottes Sache verwickelt worden ist: Menschen und Gesellschaften so zu verwandeln, dass deren Leben gesättigt wird von der Liebe Gottes, die im Leben, im Tod und in der Auferstehung Jesu offenbart wurde.

In diesem Kapitel werden wir zwei Themen ins Auge fassen. Das erste ist, was es heißt, Gott und die Nächsten zu lieben. Das zweite wird sich darauf konzentrieren, wie Gott uns so verwandelt, dass wir durchdrungen – oder gesättigt – werden von der Liebe.

Ein durch die Liebe geformtes Leben

Wenn Wesley einen Christen als jemanden beschrieb, der Gott und seine Nächsten liebt, bezog er sich nicht nur auf äußerliches Verhalten. Er meinte, dass Liebe der zentrale motivierende und lenkende Einfluss im Leben eines Christen ist. Ein Christ ist jemand, dessen Wesen durch die Liebe von innen heraus geformt wird. Dann formt Liebe unsere Einstellungen, Wünsche, emotionalen Reaktionen, Erwartungen und Hoffnungen. Ein von Liebe durchdrungenes Wesen erweist sich in einem Lebensstil liebenden Handelns. Oder, um einen anderen Lieblingsausdruck Wesleys zu verwenden, ein Christ ist jemand, der »Christi Gesinnung« hat (das heißt, eine von Liebe durchdrungene Gesinnung) und wie Jesus wandelt. Äußerliches und Innerliches sind untrennbar miteinander verbunden, sodass eine verwandelte Gesinnung sich in verwandelten Taten und einer verwandelten Lebensweise ausdrücken wird. Gutes nur zu tun, um angesehen zu sein und Gunst zu gewinnen, genügt nicht. Freundliche und hilfreiche Taten werden in uns niemals ein Herz voller Liebe schaffen, aber ein von Liebe erfülltes Herz wird einen Christen immer zu freundlichem und hilfreichem Tun bewegen.

Ein von Liebe durchdrungenes Leben wurzelt in einer Beziehung zu Gott, der Liebe ist. Durch die tiefgreifende Erkenntnis, dass Gott uns liebt, und unsere Antwort auf seine Liebe werden wir motiviert und befähigt, Gott zu

> **Ein Christ ist jemand, dessen Wesen durch die Liebe von innen heraus geformt wird.**

lieben und alle, die von Gott geliebt werden. Das erwächst aus der erstaunlichen Tatsache, dass der Schöpfer des Universums leidenschaftlich wünscht, eine innige, persönliche Beziehung zu uns zu haben, trotz unserer Fehler, unserer Ablehnung, Rebellion und Gebrochenheit. Den Schmerz und das Leid unserer Selbstbezogenheit mit der ihr innewohnenden Ablehnung Gottes und der Schädigung und Misshandlung unserer Mitmenschen hat Gott in Christus auf sich selbst genommen. Sogar nicht nur unsere Verfehlungen, sondern die der ganzen Menschheit. Der Geist Gottes wirkt in uns, lockt und zieht uns in eine immer engere Beziehung zu Gott, die uns aus unserer Selbstbezogenheit befreit, unsere Gebrochenheit heilt und uns befähigt, Gottes Liebe zu erwidern.

Gott lieben

Gottes Liebe zu uns motiviert und befreit uns, Gottes Liebe zu erwidern. Gott zu lieben heißt, Gott und Gottes Anliegen ins Zentrum unseres Lebens zu stellen und so unser Leben neu zu gestalten. Diese Liebesbeziehung ist mehrdimensional und schließt Folgendes ein:

- *Dankbarkeit* für Gottes Liebe zu uns;
- Leben in beständiger *Gemeinschaft* mit Gott durch regelmäßiges Gebet, Andacht und Gottesdienst;
- Wachsen in der *Erkenntnis* Gottes;
- *Vertrauen* auf Gottes Gegenwart, Zuwendung und Fürsorge, auch in schwierigen und komplizierten Situationen;

- unsere Schwierigkeiten, unsere Kämpfe, unseren Zorn und unsere Klagen mit Gott *teilen*;
- in allen Bereichen unseres Lebens Gott die *Treue* halten;
- ständiges *Streben* danach, Gottes Willen zu erkennen und zu tun;
- *Gehorsam* gegenüber Gottes Geboten;
- unser ganzes Leben zur *Ehre* Gottes führen;
- *aufrichtige Selbstverleugnung* hinsichtlich allem, was unserer Beziehung zu Gott entgegensteht, auch wenn uns das viel abverlangt.

Die Frucht einer solchen Beziehung zu Gott, so argumentiert Wesley, ist wahres Glück. Sowie wir in unserer Liebesbeziehung zu Gott wachsen, werden wir verwandelt werden, sodass wir beginnen, Gottes liebendes Wesen zu teilen und nachzuahmen; wir werden zum Bilde Gottes verändert, der Liebe ist. Gottes Liebe durchdringt unser Leben zunehmend und drückt sich in und durch uns aus, sodass wir immer mehr teilhaben an Gottes Liebe zur ganzen Menschheit und zu Gottes gesamter Schöpfung.

Alle Menschen lieben

Indem wir in unserer Beziehung zu Gott wachsen und von göttlicher Liebe gesättigt werden, haben wir teil an Gottes Liebe zu allen Menschen. Das wirft die entscheidende Frage auf, was Wesley mit Liebe zu den Menschen meinte. *Liebe* ist ein leidenschaftlicher Einsatz für das Wohl anderer. Wesley predigte: »Wer auch immer die Liebe zu Gott und zum Menschen in seinem Herzen sich ergießen fühlt, spürt einen brennenden und unaufhörlichen Durst nach der Glückseligkeit all seiner Mitgeschöpfe. Seine Seele schmilzt dahin vor dem heißen Wunsch, den er hat, sie unaufhörlich zu fördern, und sein Mund spricht, wovon sein Herz erfüllt ist.«[12]

Wesleys Verständnis von Nächstenliebe kann in vier Dimensionen gesehen werden: Einsatz für das Wohl anderer, Zuwendung zu allen Menschen, umfassende Einbeziehung des eigenen Lebens und unserer ganzen Person sowie Opferbereitschaft.

Die erste Dimension ist ein umfassender *Einsatz für das Wohl anderer*. Wesley sprach davon, Menschen nach Leib und Seele Gutes zu tun. In moderner Begrifflichkeit könnten wir von den physischen, psychischen, sozialen und geistlichen Dimensionen des menschlichen Lebens reden. Zu seiner Zeit war Wesley fasziniert von Gesundheit und dem neuesten medizinischen Fortschritt. Eine seiner frühen Veröffentlichungen war: *Einfache Heilkunde. Leichte und natürliche Methoden zur Behandlung der meisten Krankheiten.*[13] Wesley war am Wohlergehen von Körper und Geist genauso interessiert wie an dem der Seele.

Die zweite Dimension weitet den Einsatz für das Wohl dahingehend aus, dass er *alle* Menschen einschließt und umfasst. Wesley wurde nicht müde zu betonen, dass *Nächster* nicht nur Menschen meint, die man kennt und mag, sondern alle Menschen überall. Dies schließe Menschen anderer Nationen, Religionen, Klassen und Lebensstile mit ein. Liebe muss nicht nur Freunden zugewendet werden, sondern auch Fremden und Feindinnen, nicht nur jenen, mit denen wir übereinstimmen, sondern auch jenen, mit denen wir nicht übereinstimmen, wie stark die Unterschiede auch seien. Sie wendet sich nicht nur den Guten zu, sondern auch den Bösen – sogar jenen, die wir als Gottes Feinde erachten. Unsere Liebe muss jedem Menschen gelten, den Gott geschaffen hat. Das heißt nicht, dass wir gegenüber Mitgliedern unserer Familien, Mitchristen, Mitbürgerinnen und Freunden keine besondere Liebe und Treue hegen dürften; aber diese besondere Liebe sollte unseren Einsatz für alle Menschen nicht schmälern.

Drittens muss Nächstenliebe alle Bereiche unseres Lebens umfassen. Wahre Liebe will Einfluss haben auf alles, was wir denken, sagen und tun. Sie sollte unser Privat- und Familienleben formen, unser Berufsleben, unser politisches Handeln und unsere Muße. Wir dürfen die Liebe Gottes nicht zerteilen, indem wir sie von bestimmten Aspekten unseres Wesens trennen. Weil Gott Liebe ist, werden wir zu Verkörperungen dieser uneingeschränkten und überwältigenden Liebe.

Viertens ist Nächstenliebe nicht interessengeleitet, und kann uns daher etwas kosten. In seiner Predigt *Über die Liebe* erklärte Wesley:

Wenn du also Gott von ganzem Herzen liebst, kannst du ihm nicht derart Unrecht tun, dass du seine Ehre raubst und dir nimmst, was nur ihm zukommt. Du wirst anerkennen, dass alles, was du bist, und alles, was du hast, sein ist; dass du ohne ihn nichts tun kannst; dass er dein Licht und dein Leben, deine Stärke und dein Alles ist; und dass du nichts bist, ja, weniger als nichts, vor ihm. Und wenn du deinen Nächsten liebst wie dich selbst, wirst du dich ihm gegenüber nicht selbst bevorzugen können.[14]

Wesley meinte außerdem, dass wir anderen nicht um unseres eigenen Vorteils willen Gutes tun sollen. Das betrifft auch das Gefühl von Befriedigung und Erfüllung, das man erfährt, wenn man etwas Gutes getan hat. Solche Gefühle können zwar aus unseren Taten erwachsen, aber sie sollten nicht der Beweggrund dafür sein. Es geht ausschließlich um das Wohl der anderen, und deshalb kann liebendes Handeln Opfer mit sich bringen, was tatsächlich auch oft der Fall ist.

Haltungen, Worte und Taten

Wenn Liebe zu allen Menschen unser Leben bestimmt und durchdringt, formt sie unsere Haltungen, unsere Worte und unsere Taten. Gottes verwandelnde Liebe richtet unser Leben neu aus und regt Entwicklung und Wachstum von Eigenschaften an, die diese Liebe ausdrücken. Wesley nannte in vielen seiner Predigten zahlreiche Wesenszüge wie Freundlichkeit, Sanftmut, Demut, Langmut, Geduld, der Welt gestorben sein, Mitgefühl, Anteilnahme, Barmherzigkeit, Selbsterniedrigung (von sich selbst keine höhere Meinung haben als von anderen), Hoffnung, Güte, Treue, Redlichkeit, Mäßigung, über andere das Beste denken, Vertrauen und Selbstbeherrschung. Oft fasste er auch das Wesen eines durch göttliche Liebe verwandelten Lebens zusammen, indem er auf drei übergeordnete Wesenszüge verwies, die mit Haltungen,

Taten und Worten in Zusammenhang gebracht werden können: Gerechtigkeit, Erbarmen und Wahrheit.

Wesley war sich der Macht und Bedeutung unserer Worte zutiefst bewusst, ob gesprochen oder geschrieben. Unsere Worte können verwendet werden, um aufzubauen und zu heilen; aber sie können auch erniedrigen und zerstören. Echte Liebe wird in unseren Worten zum Ausdruck kommen, besonders gegenüber jenen, mit denen wir nicht übereinstimmen. Wesleys Überlegungen, wie wir Worte verwenden, haben in unserer Zeit sozialer Medien sogar noch größere Bedeutung. Worte, die in Blogs, Posts und Tweets geschrieben werden, verbreiten sich rasch jenseits der Kontrolle des Autors und können Menschen auf der ganzen Welt beeinflussen. Die fehlende Berücksichtigung des Kontexts der Person, die angesprochen wird, und die öffentliche Natur sozialer Medien erhöhen den möglichen Schaden, der von achtlosen Worten angerichtet wird. Menschen werden einen Kommentar posten oder tweeten, den sie in Gegenwart der betreffenden Personen selten oder niemals äußern würden.

Eine von Liebe durchdrungene Person wird darauf verzichten, unfreundlich, negativ oder abfällig über andere zu sprechen oder zu schreiben.

Eine von Liebe durchdrungene Person wird darauf verzichten, unfreundlich, negativ oder abfällig über andere zu sprechen oder zu schreiben. Dies gilt besonders bei Meinungsverschiedenheiten über Themen aus Religion und Theologie. Gerade hier sollten Menschen die strittigen Fragen ansprechen – statt die Person, mit der sie uneins sind, anzugreifen. Von Liebe geprägte positive und freundliche Worte werden, ob in Anwesenheit oder Abwesenheit betreffender Personen, der Trias von Gerechtigkeit, Erbarmen und Wahrheit entsprechen.

Wahrheit ist das erste Kriterium für liebende Worte. All unsere Worte sollten wahr sein. Alle Formen von Täuschung und Unaufrichtigkeit müssen vermieden werden. Dies betrifft auch die Verwendung von Halbwahrheiten, selektive Zitate, die die Absicht der Urheberin verzerren, das Verdrehen der Wahrheit, um bestimmten persönlichen, politischen oder gar religiösen Zielen zu dienen, sowie alle Versuche, einen falschen oder einseitigen Eindruck einer Person, eines Ereignisses oder Phänomens entstehen zu lassen. Wenn unsere Worte im Zeitalter von Informationsflut und Falschnachrichten wahr sein sollen, müssen wir sorgfältig darauf achten, was wahr und was falsch ist an dem, was wir hören, lesen und sehen. Dazu gehört die Bereitschaft, denen selbstkritisch zuzuhören, die andere oder gar unseren eigenen Ansichten widersprechende Meinungen vertreten. Wir müssen nicht nur sicher sein, dass unsere Worte wahr sind. Wir haben die Pflicht, uns für die Wahrheit einzusetzen. Eine Möglichkeit, dies zu tun, ist, andere vor Verirrung und Sünde zu warnen. Wesley schrieb eine ganze Predigt, die dem Thema *Die Pflicht, unseren Nächsten zurechtzuweisen*[15] gewidmet ist. In unserer heutigen Zeit, in der Toleranz zu einer Haupttugend geworden ist, scheint einiges von dem, was Wesley vorschlägt, ein anstößiger Eingriff ins Privatleben zu sein. Dennoch erfordert echte Liebe, besonders im kirchlichen Bereich, Verhaltensweisen und

Handlungen anzusprechen, die für andere schädlich oder selbstzerstörerisch sind. Dies gilt nicht nur für den persönlichen Bereich, sondern auch in sozialen, kulturellen und politischen Zusammenhängen. Wesley betonte, dass dieses Aussprechen der Wahrheit in Liebe und Demut geschehen muss sowie im Bewusstsein eigener Schwächen und Fehler. Dies gehört auch zur guten Praxis in einer Glaubensgemeinschaft und ist nicht einfach ein Fall von Einmischung in private Angelegenheiten anderer Leute.

Das zweite Kriterium für liebende Worte ist *Gerechtigkeit*. In Wesleys Lehre verweist Gerechtigkeit darauf, Menschen das ihnen Zustehende zu gewähren. Die Goldene Regel ist der Wesenskern von Gerechtigkeit. Wie wir über andere sprechen, soll dem entsprechen, wie wir wünschen, dass andere Menschen über uns sprechen sollen. *Gerechtigkeit* muss zur *Wahrheit* hinzukommen, denn auch wahre Worte können in unrechter Weise verwendet werden. Argumente von Menschen müssen sorgfältig im ursprünglichen Zusammenhang beurteilt werden. In Diskussionen und Debatten müssen wir uns auf Argumente konzentrieren und nicht auf Angriff. Es ist grundsätzlich unrecht, persönliche Attacken zu reiten, andere schlechtzumachen oder ihre Absichten zu verdrehen. Gerüchte zu verbreiten oder negative Geschichten über Menschen zu erzählen, auch wenn diese wahr sind, widerspricht der Gerechtigkeit. Denn Menschen können verletzt und ihr Ruf beschädigt werden, ohne dass sie die Chance haben, sich selbst zu verteidigen. Kritik und Beschwerden sind im direkten, persönlichen Gespräch vorzubringen. Das Kriterium der *Gerechtigkeit* mahnt uns, unsere Worte zu verwenden, um uns in unserer persönlichen Umgebung und in der Gesellschaft, in der wir leben, für Gerechtigkeit einzusetzen.

Gerechtigkeit und *Wahrheit* allein sind unzureichende Kriterien, denn Wesley war sich bewusst, dass wahre und sogar gerechte Worte in zerstörerischer Weise verwendet werden können. Daher ist das letztgültige Kriterium *Erbarmen* oder *Mitgefühl*. Das Kriterium des *Erbarmens* gilt in dreifacher Hinsicht: (1) Wie wir Menschen, Ereignisse oder Situationen beschreiben: Erbarmen gebietet, dass wir die Menschen, die wir in einer Vielzahl herausfordernder Situationen vorfinden, respektieren und achten. (2) Wie wir Worte und Taten anderer deuten: Erbarmen erfordert, dass wir die Zusammenhänge verstehen, in denen Menschen leben. Zu verstehen, woher Menschen kommen, ist wesentlich, um zu verstehen, wer sie sind. Das bedeutet, keine Vermutungen über Menschen anzustellen, keine negativen Wesenszüge zuzuschreiben und im Zweifelsfall das Beste von Menschen anzunehmen. Wichtig dabei ist: Erbarmen und Mitgefühl gelten grundsätzlich unvoreingenommen und bedingungslos. (3) Schließlich erfordert Erbarmen, dass wir mit unseren Worten die Nöte und Leiden anderer zu lindern helfen. Beachten wir jedoch: Erbarmen und Mitgefühl walten zu lassen, bedeutet nicht, Menschen in Not Nettes zu sagen oder zu tun. Vielmehr bedeutet es, dass wir zu Menschen in Beziehung treten und mit ihnen gemeinsam nach dauerhaften Lösungen und radikalen Verbesserungen suchen.

Wesley hatte wenig übrig für Small Talk und vertrat die Meinung, dass all unsere Gespräche einen positiven Zweck erfüllen sollten, entweder in Bezug auf uns selbst (Vergrößerung unseres Wissens oder Verbesserung unseres Charakters) oder in Bezug auf das Wohl anderer. Auch wenn wir seiner Anweisung, auf jeglichen Small Talk zu verzichten, vielleicht nicht folgen möchten, sollten wir uns immer der Wirkung unserer Worte auf andere bewusst sein und unsere Worte im Dienste der Liebe zu gebrauchen suchen.

Wenn Liebe unser ganzes Wesen durchdringt, wird sie uns davon abhalten, Dinge zu tun, die anderen bewusst Leid, Schaden oder Kummer zufügen. Wenn Liebe unser ganzes Lebens erfüllt, dann werden unsere Arbeit, unser politisches Handeln, unsere Muße und unser Glaube diese Liebe widerspiegeln; und wir werden keine Vorgaben, Einrichtungen oder Praktiken unterstützen, die irgendjemanden ausbeuten, erniedrigen, missbrauchen oder ungerecht behandeln. In unserer komplexen globalen Gemeinschaft ist diese Art von Liebe besonders herausfordernd und wichtiger denn je. Die unsere Nachfolge bestimmende kraftvolle Liebe hat die Macht, unsere Welt zu verwandeln.

Die unsere Nachfolge bestimmende kraftvolle Liebe hat die Macht, unsere Welt zu verwandeln.

Wesley beschrieb den positiven Anspruch der Liebe so:

Sie führt ihn dazu, sowohl Gerechtigkeit als auch Barmherzigkeit zu praktizieren. […] Sie drängt ihn, allen Menschen alles erdenklich Gute jeder erdenklichen Art zu tun; sie macht

ihn fest entschlossen, das und nur das in allen Lebenslagen
anderen zu tun, was er, wäre er in derselben Lage, sich von ihnen wünschen würde.[16]

Diese Form der Goldenen Regel hatte nicht nur mildtäti-
ges Handeln zum Ziel (siehe Matthäus 25), wie Hungrige
zu speisen, sich um Fremde zu kümmern, für Arme zu
sorgen, Kranke und Einsame zu besuchen sowie Obdachlose aufzunehmen. Es ging um mehr. Im frühen Methodismus wurden zahlreiche Projekte unterstützt, um arme
und an den Rand der Gesellschaft gedrängte Menschen zu
befähigen und zu fördern. Das umfasste medizinische
Versorgung, Projekte zur Schaffung von Arbeitsplätzen,
Gründung von Schulen und ein Mikrokreditsystem. Außerdem führte die Goldene Regel Wesley und die frühen
Methodisten in politische Aktivitäten und ließ sie auch
auf die Abschaffung der Sklaverei hinarbeiten.

Die Liebe Gottes sollte nicht nur in Worten und Taten
Ausdruck finden, die als besondere Projekte oder großartige Leistungen hervorstechen, sondern in jedem Bereich
unseres Lebens. Dazu gehören auch freundliche Worte,
Komplimente, liebevolle Gesten und kleine Zeichen der
Freundlichkeit, die problemlos viele Male jeden Tag mit
anderen ausgetauscht werden können. Liebe, die unsere
Seele durchdringt, wird sich auf vielerlei Weise den Weg
bahnen.

Ein weiteres bedeutendes Merkmal einer aufrichtig liebenden Einstellung ist, laut Wesley, wie Christen ihr Geld
verwenden. Bekanntermaßen vertrat er die Meinung, dass
Christen so viel wie möglich verdienen sollten, so viel wie

möglich sparen sollten (nicht im modernen Sinne von »Geld investieren«, sondern in der Bedeutung des achtzehnten Jahrhunderts von »bescheiden leben«) und so viel wie möglich geben sollten. Wie wir unser Geld verwenden, ist für Wesley ein wesentlicher Gradmesser dafür, ob wir Gott und unsere Nächsten wirklich lieben. Beim Geben zu versagen, war für ihn ein klares Zeichen für ein Versagen in der Liebe. Wenn wir uns nur darauf konzentrieren, möglichst viel zu verdienen und möglichst viel zu sparen, dann beweist das, dass Geld die höchste Priorität in unserem Leben bekommen hat. Es ist zu unserem Gott geworden. Die Liebe zum Geld hat unsere Liebe zu Gott verdrängt. Wenn wir unsere finanziellen Mittel horten und sie nur für uns verwenden, erweisen wir unseren Nächsten gegenüber keine aufopfernde Liebe.

Verwandelt von Gottes Liebe

Es ist unmöglich, in dieser Lebenszeit durch eigenes Können und eigene Verdienste Vollkommenheit zu erreichen. Ebenso ist es unmöglich, Wesleys Ideal, Gottes Liebe vollkommen zu verkörpern, zu erreichen, wenn wir von Gottes Liebe getrennt sind. Wesley erfuhr dies selbst. Im Jahre 1725 war Wesley ein zweiundzwanzigjähriger Student und entschlossen, als wahrer Christ zu leben, dessen innere Einstellung und äußeres Leben von der Liebe zu Gott und zum Nächsten geformt sein sollte. Dies führte ihn auf einen langen und zeitweise schwierigen Weg, der 1738 in der Entdeckung gipfelte, dass der Schlüssel zur Verwandlung die persönliche Erfahrung von Gottes annehmender und verwandelnder Liebe ist. Genauso wie wir in der Liebe Gottes vervollkommnet werden, so werden wir auch mit der Gnade erfüllt.

In diesem Abschnitt werden wir Wesleys Verständnis der verwandelnden Kraft der Liebe Gottes untersuchen. Zunächst richten wir unser Augenmerk darauf, wie Gottes Liebe uns erreicht und verändert. Daraufhin schauen wir uns an, mit welchen Mitteln wir von uns aus Gottes Liebe begegnen und diese ausdrücken können.

Der Weg der Gottesliebe

Wesleys Ausgangspunkt ist die traditionell so bezeichnete »Ursünde«. Für ihn war die Lehre von der Ursünde eine der maßgeblichen Lehren des christlichen Glaubens. In der Tat befasste sich das einzige größere Werk akademischer Theologie, das Wesley schrieb, mit Ursünde. *Ursünde* wurde im Laufe der Jahrhunderte vielfach definiert und beschrieben. Viele Christen halten sie heute für eine bedrückende und sogar zerstörerische Lehre, die wir hinter uns lassen sollten. Warum war sie für Wesley so wichtig, und warum ist sie auch heute noch für uns wichtig? Im ersten Kapitel legte ich dar, dass der Mensch in seinem tiefsten Inneren einer Dynamik verfallen ist, die nur ihn selbst in den Mittelpunkt stellt. Dies zu begreifen, ist der Mensch nur in der Lage, wenn er sich als Sünder erkennt: Anstatt Geschöpfe zu sein, die Gott und die Nächsten lieben, konzentrieren wir uns auf uns selbst, auf unsere Interessen, unsere Bedürfnisse, unsere Wünsche und unser

Vergnügen. Die Lehre von der Ursünde betont drei Facetten dieser Ausrichtung auf das eigene Innere. Die erste Facette weist nach, dass Selbstbezogenheit bei den Menschen aller Gesellschaften und Kulturen vorkommt. Keine Gesellschaft ist frei von den Auswirkungen der Selbstbezogenheit. Die zweite Facette zeigt, dass Selbstbezogenheit alle Aspekte des menschlichen Wesens durchzieht. Sie formt unsere Gedanken, Sehnsüchte, Wünsche, Worte und Taten. Die dritte Facette verdeutlicht, dass wir selbst machtlos sind, irgendetwas zu tun, um diese Situation zu ändern. Wesley zufolge können wir den Weg zu tiefgreifender Verwandlung erst einschlagen, wenn wir erkennen, in welchem Ausmaß die Sünde unser Leben durchdringt und prägt.

Dies mag etwas extrem erscheinen. Wenn wir unser Leben betrachten, sehen wir schließlich, dass wir nicht nur in selbstbezogener Weise handeln. Wir sind fähig zu Liebe, Opfer, Gerechtigkeit, Erbarmen und Wahrheit. Wenn wir die Geschichte der Menschheit betrachten, sehen wir nicht nur Kriege, Unrecht, Unterdrückung und Völkermord. Wir sehen auch Bewegungen für mehr Gerechtigkeit, Frieden, Barmherzigkeit und Anstand. Wir sehen dies nicht nur in Gesellschaften, die vom Christentum beeinflusst sind, sondern auch in jenen, die wenig oder keinen Kontakt mit dem Evangelium hatten. Wesley würde dem zustimmen. In etlichen seiner Schriften pries er das Vorkommen von Gerechtigkeit, Erbarmen und Wahrhaftigkeit in nichtchristlichen Gesellschaften, im Gegensatz zu Ungerechtigkeit, Grausamkeit und Verdorbenheit, die in den sogenannten christlichen Gesellschaften Europas zu finden waren. Die Lehre von der Ursünde besagt nicht, dass Menschen und Gesellschaften durchweg schlecht sind. Sie besagt, dass sie, in ihrem gefallenen Zustand, eine Mischung aus Gut und Böse darstellen. Gut und Böse, Selbstlosigkeit und Selbstsucht, wirken dynamisch aufeinander ein. In einigen gesellschaftlichen Gegebenheiten oder Aspekten scheint das Gute vorzuherrschen, während es in anderen das Böse ist. Wie im ersten Kapitel bereits erwähnt, weist dieser Sachverhalt darauf hin, dass Gott in allen Menschen wirkt und sie zu sich in eine verwandelnde Beziehung zieht. Das hat Wesley als zuvorkommende Gnade bezeichnet. Es ist wichtig zu wiederholen, dass dies, laut Wesley, Gottes Gegenwart in allen Menschen ist, die sie in unterschiedlicher Weise dazu befähigt und motiviert, sich von ihrer Selbstbezogenheit abzuwenden.

In besonderer Weise begleitet Gottes Gnade die Verkündigung des Evangeliums, wie auch immer es notwendig oder hilfreich sein mag. Wenn Menschen die Botschaft hören, dass Gott in Jesus Christus gehandelt hat, um Sünde und Böses zu überwinden und Gottes Liebesherrschaft einzuleiten, erfahren sie eine Intensivierung der Gegenwart und des Wirkens des Heiligen Geistes in ihrem Leben. Wie bei jeglichem Wirken von Gottes Geist, können Menschen sich dem widersetzen oder öffnen, was Gott tut. Wenn sie positiv auf das Wirken des Heiligen Geistes reagierten, beschrieb Wesley sie als erweckte Menschen. Als solche wurde ihnen ihre Not und Sünde bewusst, und sie erkannten die Liebe Gottes zu ihnen und seinen Wunsch, zu ihnen in eine Beziehung zu treten.

Die »gute Nachricht« ist die, dass Gott uns so liebt, dass er unsere Sünde auf sich genommen hat. In Christus befreit uns Gott davon, dass wir ihn und andere abweisen, und er bietet uns Vergebung an und die Möglichkeit neuen Lebens. Als Reaktion auf diese Botschaft befähigt uns die Gnade, uns von unserer Selbstbezogenheit abzuwenden und nach Gott zu suchen, bis wir zum Glauben gelangen. Glaube ist die tiefe innere Überzeugung, dass Gott uns wirklich liebt, dass er uns vergeben hat und dass er uns als Kinder Gottes willkommen heißt. Wesley war der Meinung, dass wir – sowie wir zu Gott kommen – gewiss werden, Gottes innig geliebte Kinder zu sein. Auch wenn unser Bewusstsein für diese Gewissheit wachsen oder schwächer werden und manchmal sogar verschwinden kann, liebt Gott uns immer und wünscht eine Beziehung zu uns. Dieser Prozess der Versöhnung und Annahme durch Gott ist das, was theologisch als *Rechtfertigung* bezeichnet wird. Gott stellt die richtige Beziehung zu uns wieder her.

Die Botschaft des Evangeliums, die »gute Nachricht«, ist die, dass wir nicht nur in eine wiederhergestellte Beziehung zu Gott finden und unsere Sünde vergeben wird, sondern auch, dass Gott in uns wirkt, um uns zu verwandeln. Gott lenkt unser Augenmerk vom Ich weg dahin, Gott und unsere Nächsten zu lieben. Gott erneuert, stärkt und befähigt uns, die Sünde zu überwinden und zu seinem Bilde verwandelt zu werden, wie es in Jesus Christus offenbart wurde. Das hat Wesley als die neue Geburt bezeichnet. Besonders in der Anfangszeit seines Wirkens ging Wesley davon aus, dass dies ein klar bezeichnetes

Ereignis ist, dem ein Prozess des Wachstums folgt. Später relativierte er das, weil er erkannte, dass Menschen Gottes Gnade auch allmählich erfahren konnten und ihre Reaktion darauf über einen längeren Zeitraum hinweg erfolgen konnte. Dennoch bestand er darauf, dass es einen besonderen Punkt geben müsse, der die Verwandlung kenntlich macht. Für viele Menschen, besonders Menschen, die kirchlich aufwachsen, gibt es kein eindeutiges dramatisches Ereignis, auf das sie verweisen können. Sie können Gottes Wirken zeit ihres Lebens beobachten, und ihre Antwort auf Gott nimmt verschiedene Formen an. Im Rückblick sind sie gewiss, dass Gott am Werk war, dass ihnen vergeben wurde, dass Gott sie als seine Kinder angenommen hat, dass ihr Leben neu auf Gott und andere ausgerichtet wurde und dass sie jetzt Gottes verwandelnde Kraft in ihrem Leben erfahren.

Die neue Geburt ist, wie eine natürliche Geburt, nur der Anfang. Sie führt uns in einen lebenslangen Wachstums- und Entwicklungsprozess in unserer Beziehung zu Gott, sodass die göttliche Liebe unser Leben durchdringt und umgestaltet. Wir können dies aus zwei Blickwinkeln heraus verstehen. Der erste ist, dass die Liebe zu Gott und anderen zunehmend unsere Selbstbezogenheit überwindet, indem sie unsere Einstellungen, Worte und Taten verwandelt. Der zweite ist, dass wir unser Leben lang neuen Situationen, Fragen und Problemen begegnen werden. Dies sind neue Gelegenheiten, um zu entdecken, was es heißt, Gott und unsere Mitmenschen zu lieben.

Diesen Prozess der Veränderung bezeichnete Wesley theologisch als *Heiligung*. Wesley ging sogar noch einen

Schritt weiter und sagte, dass es eine weitere Entwicklung im Leben eines Christen gibt, welche er *vollkommene Heiligung* oder *Vollkommenheit in der Liebe* nannte. Dies ist Verwandlung, bei der die Liebe das Leben eines Menschen so durchdringt, dass alle Selbstbezogenheit verdrängt wird. Er erklärte, dass dies meistens erst kurz vor dem Tod eines Menschen geschieht. Aber er ging davon aus, dass dies auch jederzeit im Leben eines Menschen geschehen kann. Diese Lehre war zu Wesleys Zeit sehr umstritten, was auch heute noch der Fall ist, besonders im Blick darauf, was genau Wesley meinte und wie das im Leben erfahren werden kann. Es wird darauf wohl keine eindeutige Antwort geben. Wichtig ist aber die Überzeugung, dass der Heilige Geist das Leben von Menschen dramatisch ändern kann und das auch tut, wenn sie eine innigere und stärkere Beziehung zu Gott suchen. Wir müssen für so eine Veränderung offen sein.

Veränderung geschieht nicht automatisch. Wenn wir aufrichtig nach Gott suchen, geht Gottes Gnade vor uns her und kommt zu uns. Wir verdienen diese Gnade nicht. Aber wir können zu einem Bewusstsein gelangen, das uns der Gnade gegenüber offen sein lässt. Deshalb warb Wesley für den Gebrauch der Gnadenmittel – gemeinsamer Gottesdienst und Gebet, Teilnahme am Abendmahl, Fasten, christliche Konferenz, gemeinsame Taten der Barmherzigkeit – als Weg, uns dieser liebenden Annahme und Verwandlung durch Gott zu öffnen.

Die Mittel zum Wachstum in der Liebe

Wesley erachtete das Christsein als etwas Aktives, nicht als etwas Passives. Christen warten nicht auf Gottes Handeln, sondern handeln durch den Glauben im Namen Gottes, bevollmächtigt durch Gottes Heiligen Geist. Christsein ist ein soziales Geschehen, eine auf Gemeinschaft angelegte Erfahrung. Deshalb behauptete Wesley, dass es so etwas wie eine nur individuelle oder persönliche Heiligung nicht gibt. Wir sind ein Volk Gottes, und nur insoweit wir uns auf andere Menschen einlassen und unsere Liebe zu Gott durch unsere Liebe zu unseren Nächsten ausdrücken, haben wir das Recht, uns christlich zu nennen.

Um dem Christsein aktiv Ausdruck zu verleihen, empfahl Wesley geregelte Ausdrucksformen: die *Gnadenmittel*. Die Gnadenmittel sind »äußere Zeichen, Worte oder Handlungen, die von Gott eingesetzt und als die üblichen Wege bestimmt sind, auf denen er den Menschen zuvorkommende, rechtfertigende und heiligende Gnade zukommen lässt«[17]. Um zu verstehen, was Wesley sich darunter vorstellte, müssen wir uns die folgenden Kennzeichen der Gnadenmittel vergegenwärtigen.

Erstens: Gnadenmittel sind sowohl Ausdrucksweisen unserer Liebe zu Gott und zu unseren Nächsten als auch Mittel, durch die wir in unserer Liebe zu Gott und zu anderen wachsen.

Zweitens: Wesley legte Wert auf ein Gleichgewicht zwischen den inneren Werken der Frömmigkeit – die persönliche Begegnung mit Gott, entweder allein oder zusammen mit anderen – und den äußeren Werken der

Barmherzigkeit – persönliche Aktivitäten, alleine oder zusammen mit anderen, in denen sich der Glaube im Dienst am Nächsten ausdrückt. Unser aus dem Glauben erwachsendes Handeln formt uns und bereitet uns vor, zu empfangen, was Gott in uns und mit uns tun will. Es ist bezeichnend, dass Wesley die Werke der Barmherzigkeit gegenüber den Werken der Frömmigkeit vorzog.

Für die Verwandlung zum Bild Gottes ist es nach Wesleys Ansicht weitaus wichtiger, sich aktiv den Bedürfnissen der Mitmenschen zu stellen, als sich in zahlreichen religiösen Aktivitäten zu ergehen.

Für die Verwandlung zum Bild Gottes ist es nach Wesleys Ansicht weitaus wichtiger, sich aktiv den Bedürfnissen der Mitmenschen zu stellen, als sich in zahlreichen religiösen Aktivitäten zu ergehen.

Dies ist besonders in unserer modernen Kultur von Bedeutung, in der Überzeugungen und Zugehörigkeitsgefühl wichtiger sind als das Verhalten. Jesus Christus als den Sohn Gottes anzuerkennen und hin und wieder in den Gottesdienst zu gehen, reicht nicht aus. Wir müssen unseren Glauben in die Tat umsetzen und anderen im Namen Christi dienen. In auffallender Weise lässt Wesley hier Jakobus anklingen: Glaube ohne Werke ist tot (siehe Jakobus 2,17–26).

Drittens: Die Anwendung der Gnadenmittel bereitet auf das verwandelnde Wirken Gottes vor, durch das wir zu Gottes Ebenbild umgestaltet werden. Der regelmäßige Gebrauch der Gnadenmittel hilft uns, das Wesen Gottes zu erfahren und seinen Willen zu erkennen. Die innere Wandlung wird äußerlich sichtbar. Am besten lässt sich das mit dem Atmen vergleichen. Mit jedem Einatmen werden wir erneuert und gestärkt und mit jedem Ausatmen setzen wir den Glauben in die Tat um. Dabei verbrauchen wir Energie, was uns wieder dazu bringt einzuatmen. Niemand kann nur einatmen oder nur ausatmen. Der Rhythmus und der Zusammenhang von Einatmen und Ausatmen sind eine wundervolle Veranschaulichung der Dynamik zwischen den Werken der Frömmigkeit und Werken der Barmherzigkeit.

Viertens: Ein wesleyanisches Verständnis der Gnadenmittel betont sowohl Gottes verwandelndes Wirken als auch unser menschliches Tun. Durch die Gnadenmittel verdienen wir weder Gottes Gunst, noch werden wir dadurch heiliger oder wohlgefälliger. Über das Vorhandensein von Gottes Gnade brauchen wir nicht diskutieren; Gottes Angebot steht im Raum. Jedoch kann unsere Fähigkeit, Gottes Gnade zu verstehen und anzunehmen, ernsthaft eingeschränkt sein. Die Gnadenmittel durch Werke der Frömmigkeit und Werke der Barmherzigkeit anzunehmen und anzuwenden kommt eigentlich uns selbst zugute. Dadurch werden wir bereit, das zu empfangen, was Gott so sehnlich zu geben wünscht. Gott befähigt uns, auf sein Angebot zu reagieren, und versetzt uns in die Lage, ihn und die Menschen auf vielerlei Weise zu lieben.

Fünftens: Die Gnadenmittel haben unsere Verwandlung zum Ziel. Gott braucht oder fordert in keiner Weise, dass die Menschen ihren Glauben oder ihre Hingabe durch besondere Formen ausdrücken. Unser Beten, unser Gottesdienst, unser Dienen, unser Bibelstudium und unser Gemeinschaftserleben sind nicht für Gott bedeutsam, sondern für uns. Nicht Gott braucht die Verwandlung und die Veränderung, sondern wir! Die Gnadenmittel sind keine Methode, um Gottes Gunst zu verdienen oder mit unserer Religiosität oder unserer Großzügigkeit anzugeben. Sie sind, wie der Name schon sagt, Mittel, mit denen Gott uns dafür öffnet, seine Segnungen und die Fülle seiner Liebe zu empfangen, die er so großzügig schenkt.

> **Die Gnadenmittel sind, wie der Name schon sagt, Mittel, mit denen Gott uns dafür öffnet, seine Segnungen und die Fülle seiner Liebe zu empfangen, die er so großzügig schenkt.**

Fazit

Die zentrale Erkenntnis für das Verständnis des christlichen Glaubens ist für Wesley, dass Gott Menschen so verwandelt, dass ihr Leben von Gottes- und Nächstenliebe durchdrungen ist. Dieses wesleyanische Verständnis hat drei Schlüsselelemente, die wir im Gedächtnis behalten sollten:

– Verwandlung ist ein interaktives Geschehen: Sie beginnt mit Gottes Gegenwart und Handeln. Wir müssen auf das reagieren, was Gott tut. Eine positive Antwort führt zu einer Intensivierung von Gottes verwandelnder Gegenwart.

– Verwandlung erfordert ein dynamisches Gleichgewicht von innerem und äußerem Erleben: Veränderung in unserem Inneren führt zur Veränderung unserer Verhaltensweisen und Gewohnheiten, und Veränderungen unserer Verhaltensweisen und Gewohnheiten verändern unser Wesen.

– Verwandlung ist allgegenwärtig: Gottes verwandelndes Wirken ist die grundlegende Neuausrichtung unseres Lebens, die alle Dimensionen unserer Existenz durchdringt.

Anregungen zum Gespräch

»Von Gottes Liebe gesättigt sein« – teilen Sie sich gegenseitig mit, was diese Beschreibung in Ihnen auslöst.

Wie beantworten Sie die Frage: »Was ist ein Christ?«

Wie können Gerechtigkeit, Erbarmen und Wahrheit unser Denken, Reden und Handeln in Liebe prägen?

Was bedeutet es, aus Glauben gerechtfertigt zu sein?

Wie gehen wir mit Wesleys Lehre von der »vollkommenen Heiligung«, verstanden als Vollkommenheit in Liebe, um?

Wie praktizieren wir die Werke der Frömmigkeit und die Werke der Barmherzigkeit? Was bedeutet es, sie wie Einatmen und Ausatmen zusammenzubringen?

3

Was bedeutet das für die Kirche?

Was kommt Ihnen in den Sinn, wenn Sie das Wort *Kirche* hören?

- Eine Gemeinde, deren Kirchenglied Sie sind?
- Ein imposantes Bauwerk, in dessen Nähe Sie wohnen?
- Eine Konfession wie beispielsweise die Evangelisch-methodistische Kirche?
- Alle unterschiedlichen Konfessionen zusammen als eine Gemeinschaft?
- Der Leib Christi, der aus allen wahren Gläubigen besteht?
- Etwas ganz anderes?

John Wesley erklärte in seiner Predigt *Von der Kirche*: »Ein ähnlich mehrdeutiger Begriff wie ›Kirche‹ ist in der englischen Sprache kaum zu finden«.[18] In diesem Kapitel werden wir die Merkmale von Kirche aus wesleyanischer Sicht beschreiben. Dabei sollte uns immer bewusst sein, dass das, was Menschen über die Kirche denken, viel stärker von konkreten Erfahrungen geprägt ist als von theologischen Überlegungen.

Wesley beschäftigte sich mit der Mehrdeutigkeit in unserer gängigen Verwendung des Begriffs *Kirche* und untersuchte, wie er im Neuen Testament gebraucht wird. Die Hauptbedeutung war für Wesley »eine Versammlung oder eine Gemeinschaft von Menschen, die im Dienst an Gott vereint sind«[19]. Er schilderte, wie sich dies im Neuen Testament auf eine kleine, zum Gottesdienst versammelte Gruppe beziehen kann (auch von nur zwei oder drei Personen), auf eine größere Gemeinschaft, die sich regelmäßig zum Gottesdienst trifft, auf die Christen in einer bestimmten Stadt oder Gegend – auch wenn sie sich nicht alle am selben Ort zum gemeinsamen Gottesdienst versammeln – oder schließlich auf »all die christlichen Gemeinden auf dem Angesicht der Erde«[20]. Das ist die »universale« Kirche. In einer anderen Predigt – *Vom Eifer* – stellte er fest, dass die Kirche von Gott gegründet wurde, weil »er sah, dass es nicht gut war, ›dass der Mensch allein sei‹, […] sondern dass der ganze Leib seiner Kinder ›zusammengefügt‹ sein und ›jedes Glied das andere […] nach dem Maß seiner Kraft‹ unterstützen sollte«[21]. Sie sind »durch alle Art der Gemeinschaft miteinander verbunden«[22]. Wesleys Augenmerk lag auf einer Gruppe von Menschen aus der ganzen Gesellschaft, die vom Evangelium herausgerufen wurden, beieinander zu sein. Das führte Menschen, die in der Gesellschaft sonst kaum etwas miteinander zu tun hatten, zu einer neuen Gemeinschaft zusammen. Selbst wenn sie geographisch weit voneinander getrennt waren, bildeten diese Menschen eine Gemeinschaft. Das ist besonders wichtig in unserer Zeit der Individualisierung, in der auch theologische Richtungen die persönliche und individuelle Erlösung betonen. Einzelne Christen sind nicht »die Kirche«. Nur zusammen können wir zu dem Volk werden, als das Gott uns sieht.

Warum ist das so wichtig? Wenn wir den Begriff »Kirchen« – im Plural – verwenden, stellen wir uns dabei meistens unterschiedliche Konfessionen und viele einzelne Gemeinden vor. Im Gegensatz dazu ging Wesley davon aus, dass die Kirche die Aufgabe hat, Menschen zusammenzuführen, damit sie beieinander sind. Alle unsere Unterschiede und unsere Vielfalt sind wichtig und notwendig, damit wir Gottes Plan erfüllen können, alle zusammen der eine Leib Christi zu sein.

Wer sind die zusammengeführten Menschen?

In seiner Predigt *Von der Kirche* legte Wesley einige Verse aus dem Epheserbrief aus:

> So ermahne ich euch nun, ich, der Gefangene in dem Herrn, dass ihr der Berufung würdig lebt, mit der ihr berufen seid, in aller Demut und Sanftmut, in Geduld. Ertragt einer den andern in Liebe und seid darauf bedacht, zu wahren die Einigkeit im Geist durch das Band des Friedens: *ein* Leib und *ein* Geist, wie ihr auch berufen seid zu *einer* Hoffnung eurer Berufung; *ein* Herr, *ein* Glaube, *eine* Taufe; *ein* Gott und Vater aller, der da ist über allen und durch alle und in allen. (Epheser 4,1–6)

Der eine Leib, so führte Wesley aus, bezieht sich auf die universale Kirche, die aus allen Christen besteht. Die Kirche ist geeint durch die Gegenwart und das Wirken des einen Gottes, der alle verwandelt. Diese Menschen teilen eine gemeinsame Hoffnung auf die Auferstehung. Sie haben einen Herrn. Das heißt nicht nur, dass sie Christus in gewisser Hinsicht anerkennen; es heißt, dass sie ihr Leben in Gehorsam ihm gegenüber führen. Sie haben einen gemeinsamen Glauben – nicht eine Sammlung theologischer Ansichten, sondern das geteilte persönliche Vertrauen zu Christus auf Erlösung. Sie verbindet die eine Taufe – für Wesley das äußerliche Zeichen der Gnade Gottes, die der Kirche geschenkt ist. Schließlich haben sie einen gemeinsamen Vater – nicht im biologischen Sinne, sondern in der tiefen Gewissheit, dass sie Kinder Gottes sind. Wir können das zusammenfassen, indem wir sagen, dass die Kirche aus denen besteht, die vom Geist Gottes durch Christus verwandelt wurden. Diese gemeinsame Verbindung mit Christus bringt sie zueinander in Beziehung. In unserer heutigen Welt können sich Christen aus Afrika, Asien, Süd- und Mittelamerika, Europa und den Vereinigten Staaten versammeln, um zu feiern, zu beten und Gott zu loben. Menschen aus Kanada und Mexiko, aus Russland und China können ihre Nationalität beiseitestellen, um eine innigere, umfassendere geistliche Einheit in Christus zu erleben. Aus unterschiedlichen politischen Parteien, mit fremden Weltsichten, Kulturen, Lebenserfahrungen, aus ungleichen wirtschaftlichen Schichten und von unterschiedlicher Bildung können sich Menschen um einen gemeinsamen Glauben an den einen Gott scharen. Unsere Unterschiede verblassen angesichts unseres gemeinsamen Glaubens und der einen, uns verbindenden Taufe. Durch Gottes Gnade sind wir wirklich »eins mit Christus, eins miteinander und eins im Dienst für die Welt«[23] geworden.

Dieser universalen Kirche begegnen wir in unserem täglichen Leben nicht. Wir begegnen der sichtbaren Kirche. Die sichtbare Kirche besteht aus einer Fülle verschiedenster Gemeinschaften und Institutionen, die in vielerlei Weise beanspruchen, ein Ausdruck der unsichtbaren universalen Kirche zu sein – manchmal beanspruchen sie, *der* Ausdruck der unsichtbaren universalen Kirche zu sein. Die schiere Vielfalt an Glaubensrichtungen und Glaubensformen, die sich in diesen Kirchen findet, wirft die Frage auf, welche dieser Gemeinschaften Anspruch erheben könnte, ein echter Ausdruck der universalen Kirche zu sein. Diese Frage spitzt sich zu, wenn wir die offensichtlichen Fehler und Grenzen dieser Kirchen in Augenschein nehmen. Der Anspruch, »die wahre Kirche« zu sein, ist gefährlich. Kirchen haben schon vieles zu wissen behauptet: wann das Ende der Welt ist oder die Wiederkunft Christi stattfindet, wie der rechte Glaube und das richtige Verhalten der Menschen aussieht und wo die Grenzen zu Gotteslästerung und Frevel überschritten werden. Nicht zuletzt behaupteten sie auch zu wissen, wer dazugehört und wer nicht. Keine der Konfessionen, Gemeinden oder Bewegungen kann für sich in Anspruch nehmen, diese Fragen zu beantworten. Die universale Kirche Jesu Christi ist viel größer als alle menschlichen Versuche, sie zu verstehen.

Wenn Wesley sich mit dieser Frage befasste, dachte er oft über die Beschreibung der Kirche nach, wie sie den Glaubensartikeln der Kirche von England entnommen ist. Diese definiert die sichtbare Kirche als »eine Versammlung gläubiger Männer«[24]. Für Wesley war der entscheidende Begriff »gläubige Männer« (interessanterweise ersetzte er in einigen Verweisen auf diesen Artikel »Männer« durch »Menschen«). In seiner Predigt *Von der Kirche* definierte er *gläubig* als »mit lebendigem Glauben begabte Menschen«[25]; in anderen Zusammenhängen verwies er auf wahre Gläubige. Bei einer Gelegenheit sprach er von »wahren Gläubigen – sie sind ›gesinnt, wie es der Gemeinschaft in Christus Jesus entspricht‹ und ›leben, wie er gelebt hat‹«[26].

Was hat das zu bedeuten? Für Wesley war es zweierlei. Erstens besteht die Kirche aus allen Menschen, die wirklich durch den Geist Gottes verwandelt wurden. Institutionelle Kirchen werden alle diese Menschen bei sich willkommen heißen. Zweitens sind nur diejenigen, die durch die Gnade Gottes verwandelt wurden, Glieder der Gemeinschaft, die sich »die Kirche« nennt. Institutionelle Kirchen, die Teil der universalen Kirche sind, werden also dem verwandelnden Wirken des Geistes in ihrem Gemeinschaftsleben Ausdruck verleihen. Diese beiden Behauptungen prägen das wesleyanische Verständnis von Kirche.

Die sichtbare Gestalt der Kirche

Was ist die »öffentliche Gestalt« der Kirche? Es gibt eine Vielzahl von Antworten auf diese Frage, negative und positive. Es existiert keine einfache theologische Unterscheidung zwischen der *unsichtbaren* Kirche aus Menschen, die wirklich durch den Geist verwandelt wurden, und einer *sichtbaren* Kirche, die oft kompromittiert, gebrochen und manchmal völlig im Unrecht ist. Eine vermeintlich einfache Beschreibung wird weder zu einer überzeugenden Darstellung in der Öffentlichkeit führen, noch wird sie ein wirkungsvolles Zeugnis für die Kirche sein. Auf der Basis dessen, was die Menschen sehen und erfahren, bilden sie ihr Urteil über die Kirche, und daraus schließen sie, wer und wie Gott ist.

Die universale sichtbare Kirche enthüllt sich in einer Vielzahl institutioneller Kirchen und in vielen Konfessionen und Bewegungen. Sie ist nicht vollkommen, und kein Teil kann die Wahrheit für sich allein beanspruchen. Die Stärke der Kirche in ihrer Gesamtheit ist aber gerade darin zu finden, dass sie ständig über Wahrheit, Glauben und Zeugnis diskutiert und debattiert. Diese Diskussionen sind Ausdruck dafür, dass die Kirche als Ganze immer und überall versucht, den Willen Gottes zu verstehen und zu tun.

Lassen Sie uns zu den anglikanischen Glaubensartikeln mit ihrer Beschreibung von Kirche zurückkehren. Die vollständige Beschreibung lautet:

> Die sichtbare Kirche Christi ist eine Versammlung gläubiger Männer, in welcher das reine Wort Gottes recht gepredigt wird und die Sakramente gemäß der Weisung Christi ausgeteilt werden sollen, in all jenen Stücken, die notwendigerweise zu Selbigem erforderlich sind.
> Wie die Kirchen von *Jerusalem*, *Alexandrien* und *Antiochien* geirrt haben, so hat auch die Kirche von *Rom* geirrt, nicht nur in ihrer Lebensführung und Art der Zeremonien, sondern auch in Glaubensdingen.[27]

Lassen Sie uns diese Aussage ausführlicher untersuchen. Gemeinden sind ein sichtbarer Ausdruck der universalen Kirche, wenn sie aus Menschen aufrichtigen Glaubens bestehen, das Wort Gottes dort in Reinheit gepredigt wird und wenn die Sakramente in rechter Weise ausgeteilt werden.

Die Aussage im zweiten Satz bedeutet, dass Menschen in ihren Zeremonien nicht gewissenhaft waren und dass die Sakramente nicht in rechter Weise verwaltet wurden. Zudem ist »in Glaubensdingen« das Wort nicht rein gepredigt worden. Diese Formulierung transportiert ein gängiges Vorurteil aus der Zeit, in der die Artikel geschrieben wurden: Nur protestantische Kirchen wurden als die richtige Gestalt der unsichtbaren Kirche angesehen. Interessant für uns ist, dass Wesley diesen zweiten Satz ausließ, als er eine überarbeitete Fassung der Glaubensartikel für die Methodisten in Nordamerika vorbereitete.[28] Wesley billigte zu, dass es in der katholischen Kirche Gemeinden gab, die zur sichtbaren Gestalt der wahren Kirche gehörten. Tatsächlich führte er an einer Reihe von Stellen Katholiken als herausragende Beispiele für gläubiges Christsein an.

Noch auffälliger ist, dass Wesley in seiner überarbeiteten Version zwar an der Erklärung über die reine Predigt des Wortes Gottes und die rechte Austeilung der Sakramente festhielt, aber »die Genauigkeit dieser Erklärung nicht verteidigen«[29] wollte. Wesley war zu der Einsicht gekommen, dass gläubige Christen sehr verschiedene Auffassungen davon haben konnten, was das »reine Wort Gottes« lehre und wie die Sakramente gefeiert werden sollten. Ein Beispiel ist in der Einsetzung des Abendmahls zu finden. Einige Kirchen waren der festen Überzeugung, dass Kommunion nur mit einem Laib Brot und einem Kelch richtig ausgeteilt werden könnte – alle, die das Mahl empfingen, sollten von diesem einen Brot essen und aus diesem einen Kelch trinken. *Intinctio*, das Eintauchen von Brot in den Kelch, war weniger verbreitet, aber durchaus üblich. Mehrere Brote und mehrere Kelche gewannen in größeren Gemeinden an Akzeptanz. Die Güte des Weins, die Art des Brotes und sogar Fragen des angemessenen Hostientellers und Abendmahlskelchs fanden viel Beachtung. Wesley betrachtete das alles als Ablenkung.

Wichtiger noch, Wesley begann, die Sichtbarkeit der Kirche als etwas ganz anderes anzusehen. Er legte den Schwerpunkt seiner Beschreibungen der sichtbaren Kirche auf die Formulierung »gläubige Männer«, die er als Menschen aufrichtigen Glaubens bezeichnete, die ein Leben der Heiligung und Liebe führten. Oder, um Begriffe zu verwenden, denen wir im letzten Kapitel begegnet sind, Menschen, die die Gesinnung Christi haben und leben, wie er gelebt hat. Der Gebrauch der Gnadenmittel in persönlicher, hingebungsvoller Frömmigkeit und mit Werken der Barmherzigkeit sei Ausdruck dieses echten Glaubens. Was Menschen glauben und bekennen, führe zu klarem und sichtbarem Tun. Die Sichtbarkeit der Kirche werde nicht durch institutionelle Strukturen oder Gottesdienste ausgemacht, sondern durch das konkrete Leben ihrer Glieder. In einem Gedicht mit dem Titel »Ursprüngliches Christsein« formulierte er es so:

Sektierer überall nur sagen:
»Christus zu finden, brauchst mich nur fragen!«
Du sagst, du könntest Nachweis geben,
Dann zeig mir doch, wo Christen leben!

Vergiss es! Ach! Nichts kannst du zeigen!
Die echte Lieb' nur Gott ist eigen.
Oh, Herr, nur du, du ganz allein,
kennst unten hier die Kirche dein.[30]

Mit diesen Worten bekräftigt Wesley seine Sicht, dass nicht eine einzelne Konfession oder ein einzelner Teil der Kirche im Besitz der ganzen Wahrheit ist. Der Leib Christi kann nicht zerteilt werden. Wir mögen verschiedene Aspekte des Göttlichen erkennen, wir mögen unsere Rituale auf unterschiedliche Weise durchführen, wir mögen bestimmte Glaubenssätze als heilig erachten und wir mögen uns in der Schriftauslegung unterscheiden. Aber nichts davon hat eine so große Bedeutung, dass das zwingend für alle wäre. Alle zusammen sind wir Kinder Gottes und das Volk des christlichen Glaubens. Nur Gott kann bestimmen, was wahr und gut und schön und richtig ist. Auf Erden verbinden wir uns in unseren jeweiligen Kirchen, um unser Bestes zu geben, Gottes Willen und Wirken zu verstehen.

Das charakteristische Merkmal des echten, sichtbaren Ausdrucks der unsichtbaren Kirche ist Liebe.

Das charakteristische Merkmal des echten, sichtbaren Ausdrucks der unsichtbaren Kirche ist Liebe. Im ersten Kapitel sahen wir, wie Wesley eine von Liebe durchdrungene Welt beschrieb, in der Gottes Herrschaft alles Leben verwandelt hat. Die sichtbare Kirche ist eine Gemeinschaft von Menschen als Vorgeschmack dieser Verwandlung. Die Gemeinschaft wird sichtbar und konkret durch gelebte Liebe – nach innen unter denen, die zu dieser Gemeinschaft gehören, und nach außen gegenüber denen, die nicht oder noch nicht zu dieser Gemeinschaft gehören. Eine institutionelle Kirche oder bestimmte Konfession ist nur eine sichtbare Form der unsichtbaren universalen Kirche, wenn sie folgende Kennzeichen hat:

– Sie wahrt äußerste Treue zu Gott, der sich im gekreuzigten und auferstandenen Christus offenbart hat. Sie ehrt ihn in Gottesdienst und Gebet sowie durch ein Leben, das in diese Welt hineinwirkt.
– In ihr erfahren die Menschen aufrichtige Fürsorge und praktische Unterstützung für ihr umfassendes und ganzheitliches Wohl.
– In Liebe dient sie aktiv, konkret und ganzheitlich den Menschen außerhalb der Kirche, und zwar sowohl für diese Menschen als auch zusammen mit diesen Menschen.

Dies führt zu zwei wichtigen Fragen. Erstens: Wie haben wir die institutionellen Strukturen der verschiedenen Ebenen, von Gemeinden und Konfessionen sowie zwischenkirchlichen und ökumenischen Gruppierungen, zu verstehen? Zweitens: Wie gehen wir mit der Wirklichkeit um, dass institutionelle Kirchen sehr durchwachsene Gebilde sind und viele Versäumnisse auf ihren verschiedenen Ebenen zu beklagen sind? Wir finden auf beide Fragen Antworten in John Wesleys Schriften.

Die Antwort auf die erste Frage mag überraschen: Die verschiedenartigen institutionellen Strukturen, die sowohl aus von Gott angeordneten als auch von Menschen geschaffenen Elementen bestehen, sind dazu da, unser Wachstum in der Liebe zu fördern. Sie sind das Gerüst, das ein neues Gebäude umgibt, während es errichtet wird. Das Gerüst ist wichtig, weil es den Bau ermöglicht, aber wirklich wichtig ist das Bauwerk, dem das Gerüst dient. Manchmal muss das Gerüst verändert, ergänzt, abgenommen und an andere Stellen versetzt werden, damit der Bau fortschreiten kann. So ist es mit institutionellen Kirchenstrukturen. Sie sind wichtig und wertvoll, wenn sie der jeweiligen Gemeinschaft helfen, der Liebe untereinander und gegenüber den Menschen in der Welt Ausdruck zu verleihen. Wenn sie diese Funktion nicht mehr erfüllen, ist es an der Zeit, sie zu ändern und neu zu gestalten. Um neue Situationen und Ereignisse zu bewältigen, könnte es notwendig werden, ganz neue Strukturen, sprich andere Baugerüste, zu entwickeln.

Die zweite Frage betreffend räumte Wesley ein, dass die Kirche eine durchwachsene Gestalt hat. Aber er ließ das nicht als Entschuldigung gelten für Sünde, Verdorbenheit und Unglauben innerhalb institutioneller Kirchen und unter Kirchengliedern. Mit der größte Schaden für den Glauben, der durch institutionelle Kirchen verursacht wurde, waren für Wesley Kirchenglieder, die als Namenschristen im Lebensstil genau das Gegenteil von göttlicher Liebe praktizierten. Für ihn hatten solche Menschen die Kirche schon verlassen, auch wenn sie nominell noch dazugehörten oder sogar weiterhin in deren Strukturen aktiv waren.

Wesleys Auffassung kann aus seiner Deutung des Gleichnisses vom Unkraut unter dem Weizen in Matthäus 13,24–30 ersehen werden. Das ist einer der klassischen Texte, die in der Geschichte herangezogen wurden, um die Kirche in ihrer Vielgestaltigkeit zu beschreiben. Im Matthäusevangelium vergleicht Jesus die Herrschaft Gottes mit einem Acker, auf den ein Bauer Weizen sät. Während er schläft, kommt ein Feind und sät Taumellolch[31] oder Unkraut zwischen den Weizen. Dieses Unkraut sieht beim Aufkeimen dem Weizen sehr ähnlich. Den Vorschlag der Knechte, den Taumellolch auszujäten, lehnt der Bauer ab, weil das nicht gelingen könne, ohne dem Weizen zu schaden. Erst wenn Unkraut und Weizen voll ausgewachsen seien, könnten sie sicher unterschieden werden. Daher sei die Ernte die Zeit, in der die beiden getrennt werden können. In seinen *Erklärenden Anmerkungen zum Neuen Testament* geht Wesley über den Text hinaus und fügt dem Weizen und Unkraut Disteln und Dornensträucher hinzu. Anders als der Taumellolch können Disteln und Dornensträucher vom Weizen leicht unterschieden werden. Wesley ist der Meinung, dass die Disteln und Dornensträucher denen vergleichbar sind, deren Lebensweisen so fern vom äußerlichen Ausdruck göttlicher Liebe sind, dass sie von wahren Gläubigen deutlich zu unterscheiden sind und daher von ihnen getrennt werden können. Menschen, die mit dem Taumellolch verglichen werden, sind diejenigen, die keine echten Gläubigen sind, aber von außen betrachtet mit dem Evangelium in Einklang stehen. Oder es sind vielleicht Menschen, die eine verwandelnde Gottesbeziehung suchen und sie noch nicht erfahren haben. Solche Menschen können in der Kirche verbleiben.

Innerhalb des frühen Methodismus brachte Wesley ein klar gegliedertes Regelwerk zur Anwendung. Die Zugehörigkeit zu methodistischen Gemeinschaften stand allen offen, die gerettet werden wollten. Aber sie mussten die Glaubwürdigkeit ihres Wunsches nachweisen, indem sie nichts Böses taten, in jeder Hinsicht Gutes taten nach ihren Möglichkeiten sowie die von Gott verordneten Gnadenmittel gebrauchten, indem sie am Leben der methodistischen Gemeinschaft und der Kirche teilnahmen. Wer dies versäumte oder dauerhaft fernblieb, verlor die Zugehörigkeit zu den methodistischen Gemeinschaften. Es war durchaus üblich, dass Wesley beim Besuch einer methodistischen Gemeinschaft die Lebensführung ihrer Mitglieder überprüfte. Mitglieder, die dem erwarteten Lebensstil nicht gerecht wurden, wurden aus der Gemeinschaft ausgeschlossen, bis sie sich besserten und Liebe zu Gott und zum Nächsten praktizierten. Von jedem Methodisten wurde erwartet, persönlich und in Gemeinschaft zu beten, regelmäßig am Gottesdienst und am Abendmahl teilzunehmen, zweimal wöchentlich zu fasten, die Bibel zu studieren, Armen und Mittellosen zu helfen, einer Klasse zur geistlichen Unterweisung und gegenseitigen Rechenschaftspflicht anzugehören und den Zehnten für die Arbeit der Kirche zu geben. Dies mag für viele Methodisten heute ziemlich hart und streng klingen, aber zur Zeit Wesleys war es die Grundvoraussetzung. Heute behaupten viele, dass sie einfach keine Zeit haben, um solchen Aktivitäten viel Aufmerksamkeit und Engagement zu widmen. Wesley würde die Reife solcher Christen in Frage stellen. Ihm ging es darum, dass die Zugehörigkeit zu einer methodistischen Gemeinschaft und damit zur sichtbaren Kirche durch einen von Liebe durchdrungenen Lebensstil sichtbar werden musste. In einem späteren Kapitel werden wir das noch ausführlicher erörtern.

Liebe kultivieren – die Kirche und die Gnadenmittel

Wesleys Ideal für die Kirche scheint unerreichbar zu sein. In unseren Gemeinden und den verschiedenen Konfessionen werden wir ohne großen Aufwand vieles entdecken, das von diesem Ideal weit entfernt ist. Von kleinerem Gezänk über Machtkämpfe bis hin zu verschiedenen Formen missbräuchlichen Verhaltens gibt es genug Anzeichen dafür, dass wir die umfassende Liebe nicht erreicht haben, die ein verwandeltes Leben auszeichnet. Sünde haftet an unseren bestgemeinten Taten und verzerrt sie. Dessen war sich Wesley sehr wohl bewusst. Die Kirche ist nicht nur gerufen, die Liebe Gottes zu verkörpern, sondern sie ist auch ein Mittel, mit dem Gott Liebe kultiviert. Ein wichtiger Grund, warum Gott Menschen in der Kirche zusammenbringt, ist, dass sie durch Teilhabe an der Gemeinschaft zusammen in der Liebe wachsen.

> **Die Kirche ist nicht nur gerufen, die Liebe Gottes zu verkörpern, sondern sie ist auch ein Mittel, mit dem Gott Liebe kultiviert.**

Wachstum in der Heiligung geschieht weder automatisch, noch durch einen dramatischen übernatürlichen

Eingriff. Es ist ein Prozess, der unsere Mitwirkung erfordert. Dafür sind die bereits erwähnten »Gnadenmittel« sehr bedeutsam – Aktivitäten, mit denen wir auf Gottes gnädiges Wirken in unserem Leben reagieren. Vor Wesley bezog sich der Begriff der Gnadenmittel hauptsächlich auf Praktiken, die in der Bibel besonders beschrieben und geboten werden: die Sakramente oder Gebet und Bibellese. Wesley erweiterte diese Grundidee um weitere Praktiken. Zwei seiner Erweiterungsvorschläge sind für unsere Untersuchung relevant.

Wesley fügte hinzu, was er als »vernünftige« Gnadenmittel bezeichnete. Diese werden in der Bibel nicht ausdrücklich gelehrt. Aber durch den Gebrauch des Verstandes entwickeln Christen aus allgemeinen biblischen Prinzipien neue Formen und erfahren, dass sie dadurch in der Liebe wachsen können. Eines der Mittel, das Wesley einsetzte, war das der »christlichen Konferenz«. Wesley war der Meinung, dass es von großem Nutzen sei, wenn sich Christen treffen und dabei nicht nur im sozialen Sinn Gemeinschaft haben, sondern sie sich auch über ihren Glauben und ihre christliche Lebensführung austauschen. Wesley förderte dieses Gnadenmittel »christliche Konferenz« zum Beispiel durch eine Vielzahl von Kleingruppen, die zu wesentlichen Faktoren wurden, um Menschen zu einem Wachstum in Liebe zu verhelfen. Wesley schuf ein Gefüge von Klassen und Gemeinschaftsgruppen, in denen Christen ihren Glauben teilten und sich gegenseitig Rechenschaft gaben über ihre regelmäßigen geistlichen Aktivitäten. Nirgendwo in der Bibel wird uns geboten, solche Gruppen zu bilden. Sie sind Weiterentwicklungen biblischer Anweisungen, sich zu versammeln. In der Praxis hat sich das als sehr erfolgreich erwiesen. Wenn Methodisten zusammenkamen, nahmen sie sich Zeit, einander zu fragen: »Wie steht es um deine Seele?« Andere Fragen ergründeten, wo Menschen die Gegenwart und Gnade Gottes in ihrem täglichen Leben erfahren hatten und wo es ihnen möglich war, als Mittler von Gottes Gnade im Leben anderer zu dienen. Die Mitglieder beteten zusammen und erinnerten sich gegenseitig daran, häufig zu beten und die Heilige Schrift zu erforschen. Es wurde zum Fasten und Dienen ermutigt. Außerdem wurde den Mitgliedern ein Unterstützungsnetzwerk ans Herz gelegt, mit dessen Hilfe persönliche Nöte und Härten gelindert werden konnten. Dies waren Kennzeichen wahrer Glaubensgemeinschaft. Die Kirche in unserer heutigen Zeit ist herausgefordert, Wesleys damalige Neuerungen nicht einfach zu wiederholen, auch wenn aus ihnen viel zu lernen ist, wie wir in einem späteren Kapitel sehen werden. Vielmehr geht es darum, neue Formen zu entwickeln, die zu unserer Zeit und Lebenssituation passen.

Der zweite Vorschlag, mit dem Wesley den Begriff der Gnadenmittel erweiterte, war die Ergänzung der »Werke der Frömmigkeit« durch die »Werke der Barmherzigkeit«, die er beide als Gnadenmittel bezeichnete. Wir könnten Werke der Frömmigkeit als religiöse Übungen beschreiben. Zu ihnen gehören die Sakramente, Gebet, Bibellese, Fasten und Teilnahme am Gottesdienst. Historisch waren dies persönliche Frömmigkeitsübungen. Wesley ermutigte zwar zu persönlichen Frömmigkeitsübungen, aber seine Vision für die »Werke der Frömmigkeit« als Gnadenmittel war eine gemeinschaftliche. Christen können als Einzelne wunderbare Dinge tun, aber zusammen können sie durch die Kraft von Gottes Heiligem Geist noch mehr bewirken.

»Werke der Barmherzigkeit« zielten darauf ab, die geistlichen und leiblichen Bedürfnisse der anderen Menschen zu stillen. Die frühe methodistische Bewegung war maßgeblich beteiligt an der Gründung von Schulen und Universitäten, Krankenhäusern, Waisenhäusern sowie Unterkünften für Obdachlose und Hungernde. Dies waren Dienste, die Einzelne nicht alleine ausüben konnten. Nur indem sie sich in der größeren Bewegung gemeinsam zu den Werken der Barmherzigkeit verpflichteten, waren Methodisten in der Lage, ihren Einfluss geltend zu machen. Wir könnten sagen, dass die Werke der Frömmigkeit in unmittelbarer Weise die Liebe zu Gott ausdrücken, während die Werke der Barmherzigkeit ein mittelbarer Ausdruck der Liebe zu Gott sind, indem sich diese Liebe den Nächsten zuwendet. Wesley fügte hier einen weiteren Gesichtspunkt an, indem er den Werken der Barmherzigkeit Vorrang vor den Werken der Frömmigkeit zubilligte.

Die Gnadenmittel haben folgende gemeinsame Merkmale:

- Die Gnadenmittel sind Aktivitäten als Reaktion auf das verwandelnde Wirken des Heiligen Geistes. Dazu gehören: die Bibel lesen, am Gottesdienst teilnehmen und den Bedürftigen Kleidung geben. Indem wir diese und andere Dinge tun, drücken wir unsere Liebe zu Gott und unseren Mitmenschen aus.

– Die Gnadenmittel sind nicht einfach Aktivitäten im Sinne von Tun. Der Geist Gottes gebraucht diese Aktivitäten, um uns dadurch zu verwandeln, sodass wir liebevoller werden. Die Ausübung dieser Aktivitäten stärkt und entwickelt die innere Einstellung der Liebe zu Gott und zum Nächsten, was wiederum die äußerlich sichtbare Form gelebter Liebe wachsen lässt.

– Die Gnadenmittel sind keine magischen Handlungen, die uns automatisch verändern. Vielmehr werden sie zu Mitteln der Verwandlung durch das dynamische persönliche Zusammenwirken zwischen dem Geist Gottes und dem Menschen. Ihre Wirksamkeit ist abhängig von der Gegenwart und Aktivität des Heiligen Geistes. Dennoch sind es menschliche Aktivitäten, sodass ihre Wirksamkeit auch von der Absicht und vom Vorgehen des jeweils handelnden Menschen abhängig ist.

– Die Gnadenmittel zielen darauf ab, uns so zu verwandeln, dass wir in der Liebe zu Gott und zum Nächsten wachsen. Auch wenn wir falsche Absichten und Einstellungen haben, kann Gott die Gnadenmittel verwenden, um uns zu verwandeln. Gott hat daran aber nur Gefallen, wenn sie als Ausdrucksformen der Liebe gebraucht werden und als Mittel, um in Liebe zu wachsen. Sie sind wertlos, wenn sie nur selbstbezogenen Zielen dienen.

Aktives Glied einer christlichen Gemeinschaft zu sein, ist wichtig, um in der Heiligung zu wachsen. Das gilt nicht nur, weil wir dort gemeinsam Gottesdienst feiern, beten und die Sakramente empfangen oder uns in gemeinschaftlichen Aktivitäten engagieren, um den Bedürfnissen anderer zu begegnen, sondern weil wir uns in einer christlichen Gemeinschaft auf Menschen einlassen, die in wichtigen Punkten völlig anders sind als wir. Diese Unterschiede sind oft Anlass für Ärger und Verdruss und können so zu Spannungen und Konflikten führen. Wenn wir jedoch unser Leben in der Gemeinschaft als Gnadenmittel verstehen, kann die Zugehörigkeit zu dieser Gemeinschaft mit allen schmerzvollen Unterschieden zu einem Mittel werden, in Liebe zu wachsen. Die aus unseren Unterschieden herrührenden Spannungen sind dann Gelegenheiten, um Menschen lieben zu lernen, die wir schwierig finden. Auf diese Weise kann die Unvollkommenheit der Kirche zu einem Mittel werden, in der Liebe zu wachsen. Wenn dies geschieht, wird die öffentliche Gestalt der Kirche als Ausdruck göttlicher Liebe für die Gesellschaft um uns herum sichtbarer.

Fazit

Vier wichtige Aspekte beschreiben die Kirche Jesu Christi:

– Erstens: Die universale Kirche besteht aus allen Menschen, die vom Geist Gottes verwandelt sind.
– Zweitens: Diese universale Kirche wird in der Welt in konkreten Gemeinschaften verwandelter Menschen offenbar.
– Drittens: Das charakteristische Merkmal dieser Gemeinschaften ist, dass sie in unterschiedlichem Maß die göttliche Liebe in der Welt verkörpern.

– Viertens: Die Zugehörigkeit zu solchen Gemeinschaften, die aus vom Geist Gottes verwandelten Menschen bestehen, ist ein Mittel, das Gott gebraucht, um uns weiter zu verwandeln.

Anregungen zum Gespräch

Sprechen Sie über die universale Kirche und die sichtbare Kirche. Wie würden vermutlich Nachbarn oder Freundinnen, die kaum zur Kirche gehen, Kirche beschreiben? Wie würden Sie Kirche beschreiben?

Liebe kennzeichnet die Kirche Jesu Christi. Stimmen Sie zu? Was könnte das konkret heißen?

Strukturen dienen dazu, das Wachstum in der Liebe zu fördern. Wie setzen wir das um?

Wie verstehen wir das Gnadenmittel »christliche Konferenz« und wie praktizieren wir es?

Wie sind Ihnen die Gnadenmittel eine Hilfe, um Liebe zu vermehren?

4

Die Kirche – eine Menschen verwandelnde Gemeinschaft

Im letzten Kapitel haben wir beschrieben, in welcher Weise die Kirche dazu berufen ist, Gottes Liebe in der Welt zu verkörpern und zu fördern. In den nächsten drei Kapiteln untersuchen wir einige Merkmale, wie die Kirche das umsetzt. Dabei betrachten wir besonders die Eigenschaften, die in den wesleyanischen und methodistischen Traditionen entstanden sind. In diesem Kapitel untersuchen wir die drei folgenden Merkmale:

– die Kirche als Bundesgemeinschaft,
– die Kirche als Willkommensgemeinschaft und
– die Kirche als Missionsgemeinschaft.

Eine Bundesgemeinschaft

Eine der Gepflogenheiten, die John Wesley in die Praxis des frühen Methodismus einführte, war der Bundeserneuerungsgottesdienst. Dieser Gottesdienst wurde zu einem wichtigen Merkmal methodistischen kirchlichen Lebens und wird oft zu Neujahr gefeiert.[32] Die übliche Art der Feier des Bundeserneuerungsgottesdienstes sowie die Theologie, die dem zugrunde liegt, bieten entscheidende Einblicke in Wesleys Auffassung von Kirche.

Wesley hat den Gottesdienst zur Bundeserneuerung nicht erfunden. Ähnliche Gottesdienste wurden im siebzehnten Jahrhundert von britischen Puritanern gefeiert. Die von Wesley entworfene Liturgie für den Gottesdienst war weitgehend den Schriften Richard Alleines (1611–1681) entnommen. Das ist wichtig, denn es hilft uns, den theologischen Kontext der Bundeserneuerung zu verstehen. Wie die Puritaner verwendete Wesley den Begriff des *Bundes*, um Gottes rettendes Handeln in der Welt im Laufe der Geschichte zu beschreiben. Das hat natürlich tiefe Wurzeln in der Bibel, besonders im Alten Testament. Wir werden kurz einige Stellen aus dem Alten Testament betrachten und dann Wesleys Auffassung vom Begriff des *Bundes* wiedergeben. Das wird uns grundlegend dabei helfen, die Identität und Mission der Kirche zu verstehen.

Bundesschlüsse in der Bibel

1. Mose 17,1–10 schildert, wie Gott einen Bund mit Abraham schließt:

Als nun Abram neunundneunzig Jahre alt war, erschien ihm der Herr und sprach zu ihm: Ich bin der allmächtige Gott; wandle vor mir und sei fromm. Und ich will meinen Bund zwischen mir und dir schließen und will dich über alle Maßen mehren. Da fiel Abram auf sein Angesicht. Und Gott redete weiter mit ihm und sprach: Siehe, ich habe meinen Bund mit dir, und du sollst ein Vater vieler Völker werden. Darum sollst du nicht mehr Abram heißen, sondern Abraham soll dein Name sein; denn ich habe dich gemacht zum Vater vieler Völker. Und ich will dich sehr fruchtbar machen und will aus dir Völker machen und Könige sollen von dir kommen. Und ich will aufrichten meinen Bund zwischen mir und dir und deinen Nachkommen von Geschlecht zu Geschlecht, dass es ein ewiger Bund sei, sodass ich dein und deiner Nachkommen Gott bin. Und ich will dir und deinem Geschlecht nach dir das Land geben, darin du ein Fremdling bist, das ganze Land Kanaan, zu ewigem Besitz und will ihr Gott sein. Und Gott sprach zu Abraham: So halte nun meinen Bund, du und deine Nachkommen von Geschlecht zu Geschlecht. Das aber ist mein Bund, den ihr halten sollt zwischen mir und euch und deinen Nachkommen: Alles, was männlich ist unter euch, soll beschnitten werden[.]

Lassen Sie uns einige wichtige Punkte anmerken:

– Gott macht Abram zu einem neuen Menschen: Abraham. Mit dem neuen Namen gehen eine neue Identität und Bestimmung einher. Gott ist ein Mittler für Veränderung.
– Gott übernimmt die Initiative. Es ist nicht Abraham, der zu Gott kommt und zu feilschen beginnt.
– Bund meint hier eine Beziehung. Gott will mit Abraham unterwegs sein und wichtigster Teil in seinem Leben sein.
– Der Bund stellt nicht nur eine Beziehung zu Abraham her, sondern auch zu seinen Nachkommen. Der Bund schafft eine Gemeinschaft in Beziehung zu Gott.
– Gott gibt Abraham konkrete Verheißungen, besonders hinsichtlich Nachkommen und Land. Diese sind Teil einer Vielzahl an Versprechungen, die Gott Abraham macht.

- Gott erwartet eine Antwort von Abraham. Er soll mit Gott gehen, in der Gegenwart Gottes leben und fromm sein oder, wie es in anderen Übersetzungen heißt, untadelig. Er soll in einer Beziehung zu Gott leben, in welcher die Treue zu Gott Vorrang vor allen anderen Bindungen genießt, und diese Beziehung soll sich in seinem Lebensstil ausdrücken.
- Abraham soll den Bund halten. Dieses Wahren des Bundes wird im Beschneidungsritus bestätigt, der Abraham und seine Nachkommen von anderen Menschen erkennbar unterscheidet. Gottes Volk sind diejenigen, die im Bund leben mit Jahwe, dem Gott Israels.

Das Konzept des Bundes wird im Alten Testament erweitert. Insbesondere die Offenbarung des Gesetzes an Mose (vgl. 2. Mose 19–24) erklärt, was die Bundestreue in allen Lebensbereichen bedeutet. Ein weiteres Element ist die Warnung, dass die Nichteinhaltung des Bundes für Israel katastrophale Folgen haben wird. Während sich die Geschichte Israels entfaltet, entdecken wir ein Muster, wie Israel an der Einhaltung des Bundes mit Gott immer wieder scheitert: Wiederholt beten die Israeliten andere Götter an und machen sich einen Lebensstil des Unrechts und der Ungerechtigkeit zu eigen. Nach einer solchen Zeit der Untreue leitet Josia, der König von Juda, einen Gottesdienst zur Bundeserneuerung, beschrieben in 2. Könige 23,2–3:

Und der König ging hinauf ins Haus des Herrn und alle Männer Judas und alle Einwohner von Jerusalem mit ihm, Priester und Propheten und alles Volk, Klein und Groß. Und man las vor ihren Ohren alle Worte aus dem Buch des Bundes, das im Hause des Herrn gefunden war. Und der König trat an die Säule und schloss einen Bund vor dem Herrn, dass sie dem Herrn nachwandeln sollten und seine Gebote, Zeugnisse und Rechte halten von ganzem Herzen und von ganzer Seele und aufrichten die Worte dieses Bundes, die geschrieben stehen in diesem Buch. Und alles Volk trat in den Bund.

Dennoch bewirkten solche Bundeserneuerungszeremonien keine dauerhafte Veränderung. Der Prophet Jeremia hoffte auf einen Tag, an dem Gott das Volk radikal von innen heraus verändern würde.

Siehe, es kommt die Zeit, spricht der Herr, da will ich mit dem Hause Israel und mit dem Hause Juda einen neuen Bund schließen, nicht wie der Bund gewesen ist, den ich mit ihren Vätern schloss, als ich sie bei der Hand nahm, um sie aus Ägyptenland zu führen, mein Bund, den sie gebrochen haben, ob ich gleich ihr Herr war, spricht der Herr; sondern das soll der Bund sein, den ich mit dem Hause Israel schließen will nach dieser Zeit, spricht der Herr: Ich will mein Gesetz in ihr Herz geben und in ihren Sinn schreiben, und sie sollen mein Volk sein, und ich will ihr Gott sein. Und es wird keiner den andern noch ein Bruder den andern lehren und sagen: »Erkenne den Herrn«, denn sie sollen mich alle erkennen, beide, Klein und Groß, spricht der Herr; denn ich will ihnen ihre Missetat vergeben und ihrer Sünde nimmermehr gedenken. (Jeremia 31,31–34)

Diese Prophezeiung ist die Vision einer neuen Initiative Gottes, durch innere Wandlung eine Beziehung zum Bundesvolk herzustellen und aufrechtzuerhalten. Im Neuen Testament wird die Prophezeiung des neuen Bundes als in Christus erfüllt erklärt, der durch das Wirken des Geistes die versprochene innere Wandlung herbeiführt.

Der Bund in Wesleys Theologie

Die Tradition der Bundestheologie, auf die Wesley zurückgriff, spiegelte diese und andere biblische Textstellen wider. Der erste ausdrückliche Verweis auf einen Bund findet sich in der Geschichte von Noah und der Flut, in der Gott einen Bund mit Noah, seinen Nachkommen und aller lebendigen Kreatur aufrichtet (1. Mose 9). Die Grundelemente der Bundesbeziehung können jedoch auch in den Geschichten von Adam und Eva gefunden werden (1. Mose 2–3). Der Begriff des Bundes bot den übergeordneten Rahmen für die Beschreibung von Gottes rettendem Handeln in der Welt. Zusammengefasst *ist* Gottes rettendes Handeln der Bund der Gnade, in den Gott nach dem Sündenfall von Adam und Eva eintritt. Die Hauptmerkmale dieses Bundes sind die folgenden:

– Gott übernimmt aus Gnade die Initiative, um die gefallene Menschheit zu retten.
– Gott verlangt Glauben als Bedingung für den Empfang von Vergebung.
– Gottes Plan für die Menschheit ist, in Beziehung zu ihr zu leben.
– Von der göttlichen Seite aus ist die Beziehung mit dem Versprechen der Gegenwart Gottes verbunden, seinem

Bundesvolk nahe zu sein und für das Bundesvolk einzustehen.

– Von der menschlichen Seite her ist die Beziehung mit der Anerkennung göttlicher Autorität über das eigene Leben und mit bedingungslosem Gehorsam verbunden.
– Der Bund schafft eine Gemeinschaft derer, die in eine einzigartige Beziehung zu Gott getreten sind.
– Der Bund nimmt zu unterschiedlichen Zeiten unterschiedliche Formen an; diese unterschiedlichen Formen werden manchmal als *Verheißungen* oder als *Heilspläne* bezeichnet.

Wesley ließ diesen breiten Rahmen gelten, auch wenn er ihn nicht in jedem Detail erörtert. Wir müssen jedoch einige wichtige Beiträge erwähnen, die er einbringt.

Erstens: Wesley betont die Liebe. Weil Gott Liebe ist, ist Liebe auch Grundlage und Ziel aller Taten Gottes. Die rettende Absicht Gottes besteht darin, die Schöpfung so zu verwandeln, dass sie von göttlicher Liebe durchdrungen ist. Gott bereitet die neue Schöpfung vor, indem er Menschen verwandelt durch von ihm geschaffene Bundesgemeinschaften, in denen sich die Liebe offenbart. Von da aus wird wiederum die Gesellschaft beeinflusst.

Gott lehrt den Menschen, was Liebe erfordert.

Zweitens: Gott als Teil dieses Prozesses lehrt den Menschen, was Liebe erfordert. Wesley ging davon aus, dass allen Menschen ein grundlegendes Verständnis davon innewohnt, was Liebe erfordert. Am besten ist das mit Bezug auf die Goldene Regel zu begreifen: andere Menschen so zu behandeln, wie man selbst von anderen behandelt werden möchte. Während sich die verschiedenen Heilspläne und Verheißungen entfalten, wird zunehmend deutlicher erkennbar, was Liebe erfordert. Daher sind die moralischen Forderungen, die sich im alttestamentlichen Gesetz (besonders in den Zehn Geboten) und in den Propheten finden, Erläuterungen dessen, was Liebe in bestimmten Beziehungen und Zusammenhängen erfordert.

Wie andere christliche Denker unterscheidet auch Wesley zwischen dem moralischen Gesetz, das sich in den Zehn Geboten und den Propheten findet und für Christen gültig bleibt, sowie den für Christen nicht mehr gültigen zivilen und zeremoniellen Gesetzen. Die Lehre Jesu (besonders die Bergpredigt) und die ethischen Lehren der Briefe zeigen, dass die Liebe zu Gott und zum Nächsten den Wesenskern der Moral darstellt.

Drittens: Die Liebe steht im Zentrum und bestimmt das Motiv und die Folgen menschlichen Handelns. Wesley ging davon aus, dass alle Menschen sterblich und gefallen sind; sie stehen unter dem Einfluss unzähliger Faktoren und machen daher Fehler, weil sie nicht alle Einzelheiten des moralischen Gesetzes verstehen. Gott fordert, dass wir aus inniger Liebe zu Gott und zu unserem Nächsten handeln, auch wenn wir in der Auffassung irren mögen, was Liebe in der jeweiligen Situation erfordert. Unser Verständnis von dem, was Liebe erfordert, kann fehlerhaft sein. Deshalb dienen die Folgen einer bestimmten Handlung zur Auswertung und zum Lernen. Gottes Liebe zeigt sich, wenn unsere Taten dem Wohl unserer Nächsten dienen und sie niemals absichtlich Leid verursachen.

Viertens: Die regelmäßige Durchführung des Bundeserneuerungsgottesdienstes stärkt die Vorstellung von der Kirche als einer von Gott geschaffenen Bundesgemeinschaft, die auf der Treue zum gekreuzigten Christus gründet.

Der Bund und die Kirche

Was bedeutet es für die Kirche, eine Bundesgemeinschaft zu sein? Um diese Frage zu beantworten, müssen wir uns daran erinnern, dass Gottes Liebe in vollkommener Weise am Kreuz enthüllt wurde. Die umfassendere biblische Sicht vom Bundesschluss sowie die Rolle, die der Bundesschluss in Wesleys Theologie spielt, werden unser Verständnis von Kirche formen. Letztendlich aber bestimmt die am Kreuz offenbarte Liebe Gottes das Wesen der Kirche als einer Bundesgemeinschaft. Einige Aussagen über die reale Bedeutung der Kirche zeigen, dass das Kreuz immer das Zentrum bildet, wenn wir Kirche sind:

– Die Schaffung der Kirche wurzelt in Gottes Liebe, die sich selbst der Menschheit schenkt.
– Die Kirche schuldet ihre alleinige Treue dem gekreuzigten und auferstandenen Herrn. Alle anderen Bindungen müssen dieser vorrangigen Treue unterworfen sein.
– Die Kirche drückt diese Treue im gemeinschaftlichen Lebensstil einer kreuzgemäßen Liebe aus. Das ist eine Liebe zu Gott und den Menschen, die aufrichtig, aufopfernd, uneigennützig und selbsterniedrigend ist.

– Die Kreuzigung durchbricht und verwandelt alle vorherigen Auffassungen von Autorität und Führung. Überraschenderweise wird die Herrschaft von Jesus, dem Christus, in Ablehnung, Armut, Demütigung, Erniedrigung und in der Schwachheit des Kreuzes offenbar. Sie stürzt Hierarchien, die sich auf Macht, Ehre und Reichtum gründen. Die Strukturen einer Gemeinschaft im Bund mit dem Gekreuzigten müssen Jesu freiwillige und opferbereite Annahme des Kreuzes widerspiegeln.

– Der Bund mit dem gekreuzigten Christus stellt uns in einen Bund mit allen anderen dieses Glaubens. Daher sind wir zu einer opferbereiten Liebe verpflichtet, die das Wohl derer sucht, mit denen wir im Bund stehen.

– Die Bundesverpflichtung gegenüber Christus und untereinander begründet die Kirche als ein neues Volk Gottes, das die von Abstammung, Nation, Politik und Kultur verursachten Trennungen überwindet. Menschen, die einer Bundesgemeinschaft angehören, erleben darin untereinander eine tiefere Einheit, als mit anderen Menschen ihrer Nation, Sprache, Schicht oder Kultur.

Eine Willkommensgemeinschaft

Die Evangelisch-methodistische Kirche hat vor allem in den Vereinigten Staaten das Motto »Open Hearts. Open Minds. Open Doors.« verwendet, was soviel bedeutet wie »Offene Herzen, weite Gesinnung, einladende Offenheit«. Damit hat sie sich zu einer Kirche erklärt, die alle willkommen heißt. Nicht alle, die eine evangelisch-methodistische Gemeinde besuchen, erfahren dies als Tatsache, und es fordert die Kirche heraus, darum zu ringen, was sie mit *offen* meint.

Ich beabsichtige hier nicht, die Richtigkeit dieser evangelisch-methodistischen Selbstbeschreibung zu diskutieren. Vielmehr will ich fragen, was die theologische Grundlage einer solchen Beschreibung ist, und untersuchen, wie eine »offene« Gemeinschaft des Willkommens aussieht.

Der frühe Methodismus als offene Bewegung

Im frühen Methodismus stand die Zugehörigkeit allen offen, die eine verwandelnde Beziehung zu Gott suchten und dies bewiesen, indem sie Böses mieden, Gutes aller Art taten und die von Gott verordneten Gnadenmittel nutzten (heute würden wir sagen – die am Gemeindeleben teilnahmen und ein persönliches geistliches Leben pflegten). Wesley glaubte, dass der Wunsch nach einer solchen Beziehung zu Gott Beweis dafür war, dass der Heilige Geist im Leben von Menschen wirkte, indem er sie durch Jesus Christus in eine Beziehung zu Gott zog. Diese einladende Offenheit wurde über die methodistischen Klassen und Gemeinschaftsgruppen hinaus durch die Prediger ausgeweitet, die auf die Felder und Marktplätze sowie in die Gefängnisse und überall dorthin gingen, wo sich Menschen einfanden, um die Botschaft von Gottes Liebe für alle zu hören.

Diese Offenheit für alle, unabhängig von theologischen Überzeugungen oder konfessioneller Zugehörigkeit, war für Wesleys Verständnis des Methodismus zentral. Er wandte dies auf die Kirche im Allgemeinen an, als er zu Apostelgeschichte 11,17 erklärte:

> Und wer sind wir, dass wir uns Gott widersetzen könnten? Vor allem wenn wir Regeln für eine christliche Gemeinschaft festlegen, die irgendjemanden von der gemeinsamen Feier des Gottesdienstes ausschließen, den er in die Kirche des Erstgeborenen aufgenommen hat. Oh, dass alle Regenten der Kirche bedächten, was für einen vermessenen Eingriff in die Autorität des höchsten Herrn der Kirche dies darstellt! Oh, dass die Sünde, sich Gott so zu widersetzen, nicht jenen zur Last gelegt werden möge, die sie begangen haben und immer noch begehen – vielleicht in guter Absicht, aber in übermäßiger Vorliebe für ihre eigenen Formen.[33]

In einem anderen Zusammenhang argumentierte Wesley, dass der Heilige Geist Menschen in einem Leib vereint, »die von Natur aus den größten Abstand voneinander haben« (Juden und Griechen) und »den größten Abstand gemäß Gesetz und Sitte« (Sklaven und Freie).[34] Es kann keine anderen Bedingungen für die volle Aufnahme in die Kirche geben – ob theologisch, ethisch, kulturell, ethnisch, wirtschaftlich oder was auch immer – außer den Wunsch nach dem verwandelnden und einenden Wirken des Heiligen Geistes.

Trotz Wesleys Absicht und seiner klaren Standpunkte ist der Methodismus diesem Ideal nicht immer gerecht geworden. Das offensichtlichste Beispiel in der Geschichte der Evangelisch-methodistischen Kirche ist der schändliche Einfluss von Rassismus auf das Leben und die Strukturen der Kirche. Anhaltende Diskriminierung in der damaligen Bischöflichen Methodistenkirche führte dazu, dass Richard Allen und andere im Jahre 1787 die in Philadelphia im US-Bundesstaat Pennsylvania gelegene Gemeinde St. George verließen, was schlussendlich zur Gründung der African Methodist Episcopal Church führte. In der Folgezeit des amerikanischen Bürgerkriegs (1861–1865) und der Befreiung versklavter Afroamerikaner reagierte die Bischöfliche Methodistenkirche des Südens auf die Forderungen ihrer afroamerikanischen Kirchenglieder mit der Schaffung der Christian (damals Colored) Methodist Episcopal Church, in der diese Gottesdienst feiern konnten, ohne die Verunglimpfung durch rassistische Verhaltensweisen und Unterdrückung durch Weiße zu erleiden. Als sich 1939 die Bischöfliche Methodistenkirche, die Bischöfliche Methodistenkirche des Südens und die Methodistisch-protestantische Kirche zusammenschlossen, um die Methodistenkirche zu bilden, war das Rassenproblem ein großes Hindernis für den Zusammenschluss. Dies wurde gelöst durch die Schaffung einer gebietsübergreifenden Central Jurisdiction für afroamerikanische Gemeinden, wodurch allerdings die Rassentrennung innerhalb der Strukturen der Kirche zemen-

tiert wurde. Mit der Vereinigung zur Evangelisch-methodistischen Kirche im Jahr 1968 wurde die Central Jurisdiction abgeschafft. Aber der Rassismus unterwanderte weiterhin das Leben der Kirche. Im Lichte dieser ganzen
Geschichte hat die Evangelisch-methodistische Kirche in
ihrer Verfassung festgehalten:

> Art. 4 Inklusivität der Kirche – Die Evangelisch-methodisti-
> sche Kirche ist ein Teil der allgemeinen Kirche, die in Chris-
> tus ein Leib ist. Die Evangelisch-methodistische Kirche er-
> kennt an, dass alle Menschen vor Gott eine unantastbare
> Würde haben. Alle Menschen sind ohne Unterschied eingela-
> den, am kirchlichen Leben teilzunehmen, die Sakramente zu
> empfangen und sich auf Grund der Taufe als Kirchenange-
> hörige und auf das Bekenntnis ihres christlichen Glaubens
> hin als Kirchenglieder aufnehmen zu lassen. Keine Konferenz
> oder organisatorische Einheit der Kirche darf so aufgebaut
> sein, dass eine Einzelperson oder eine Gruppe aus Gründen
> der Rasse, Hautfarbe, nationalen Herkunft, gesellschaftlichen
> oder wirtschaftlichen Stellung ausgeschlossen wird.[35]

Die heutige Evangelisch-methodistische Kirche ist das Ergebnis eines langjährigen Kampfes um einladende Offenheit und Inklusivität. Menschen, die dieser Kirche angehören, bekräftigen die Aussage des Johannesevangeliums,
dass Gott die Welt so sehr geliebt hat, »dass er seinen ein-
geborenen Sohn gab, auf dass alle, die an ihn glauben,
nicht verloren werden, sondern das ewige Leben haben«
(Johannes 3,16). Aber sie sind immer noch konfrontiert
mit Sexismus, Rassismus, Standesdünkel und Diskriminierung gegenüber den Armen, den Abhängigen, den Be-

hinderten und abweichenden Lebensstilen. Die Rede davon, dass die Kirche eine Willkommensgemeinschaft ist, ist weniger eine Feststellung, was sie ist, als vielmehr eine Beschreibung dessen, was sie sein will.

Biblische Grundlagen für eine Willkommensgemeinschaft

Wir finden zwei wichtige biblische Grundlagen für die Beschreibung der Kirche als einladende und versöhnende Gemeinschaft in Jesu Lehre und Wirken sowie in der paulinischen Theologie der Rechtfertigung durch den Glauben. Zur Anhängerschaft Jesu gehörten viele Menschen, die nicht in die respektable religiöse Gesellschaft der damaligen Zeit passten: Zolleinnehmer, Prostituierte, Arme, Kranke, Heiden, Gegner und Begünstigte der römischen Herrschaft. Solche Menschen folgten nicht nur Jesus nach. Mehr noch: Jesus hatte mit ihnen gesellschaftlichen Kontakt und aß und trank in ihren Häusern. Zudem erzählte er Gleichnisse, in denen Verrufene und Verworfene vorkamen.

Sowohl Jesus als auch Paulus betonten das gemeinsame Brotbrechen. Essen und Schilderungen von miteinander eingenommenen Mahlzeiten sind aus zwei Gründen wichtig. Mahlzeiten hatten in der Welt des Altertums großen symbolischen Wert. Sie wurden als erfahrbarer Ausdruck von Gemeinschaft und Freundschaft der Teilnehmenden untereinander betrachtet. Wichtiger noch – innerhalb des Judentums wurden Mahlzeiten als Symbol der kommenden Gottesherrschaft angesehen. Einen Platz am Tisch zu haben war ein Versprechen der Rettung und

Zugehörigkeit. In seinen Gleichnissen beschreibt Jesus Mahlzeiten als Bilder für Gottes kommende Herrschaft und setzt das konsequent um, indem er mit Sündern, Armen und Abgelehnten isst. Seine Praxis, diese grundverschiedenen Menschen willkommen zu heißen, ist seine Art, das Reich Gottes zu vergegenwärtigen. Auf dieselbe Weise ist die heutige Kirche Vorgeschmack und Vorwegnahme der kommenden Liebesherrschaft Gottes. Die Kirche sollte also eine Gemeinschaft sein, die unterschiedlichste, verachtete und im Konflikt miteinander liegende Gruppen willkommen heißt und ihnen Versöhnung bringt.

Paulus rief die Christen in Rom auf, einander anzunehmen, »wie Christus euch angenommen hat zu Gottes Ehre« (Römerbrief 15,7). Diese Haltung des Willkommens ist tief in seiner Theologie verwurzelt. Wie wichtig ihm diese Haltung ist, zeigt ein Vorfall, den er im Galaterbrief (2,11–21) beschreibt. Paulus tritt dort Petrus entgegen, weil dieser nicht mehr mit den Heiden isst, und nennt dies »die Wahrheit des Evangeliums preisgeben« (V. 14 GNB). Des Weiteren erklärt er, dass das eine Leugnung der Rechtfertigung durch Glauben ist. Man könnte den Eindruck haben, als hätte Paulus übertrieben reagiert. Was war denn daran so wichtig, wer mit wem aß? Für Paulus war es besonders wichtig, denn Tischgemeinschaft war der intensivste Ausdruck von Annahme und Zugehörigkeit. Indem Petrus sich von den Heiden zurückzog, leugnete er im Grunde genommen, dass diese vollwertige Mitglieder der christlichen Gemeinschaft seien. Um dazugehören zu können, hätten sie zuerst Juden werden sollen. Für Paulus war klar, dass Gottes rechtfertigende Gnade der alleinige Grund für die Zugehörigkeit zur Gemeinschaft war. Indem Petrus zusätzliche Bedingungen für die Teilnahme an den gemeinsamen Mahlzeiten stellte – außer der, die bedingungslose Einladung Gottes im Glauben anzunehmen –, machte er die Annahme durch Gott von unserem Tun abhängig. Paulus vertrat die Auffassung, dass Menschen keine Bedingungen an Gottes Heilsangebot knüpfen sollten. Eine moderne Parallele ist die Rassendiskriminierung. Wenn die Kirche damit infiziert ist, schließt sie die einen aus, andere jedoch nicht. So fördert sie ein Verständnis des Evangeliums, das von Menschen eine bestimmte Herkunft verlangt, um Teil der Kirche zu sein und damit gerettet zu werden.

Beim Lesen im Neuen Testament entdecken wir immer wieder, dass es ein Kampf war, die Vision von der Kirche als einer Willkommensgemeinschaft zu verwirklichen. Dieser Kampf setzt sich bis heute fort. Zweifellos ist es nicht einfach, eine Willkommensgemeinschaft zu sein. Wenn beispielsweise Menschen in einer Gemeinde tief verletzt wurden, müssen ihnen sichere und heilende Räume geboten werden. Wenn einer Kirche bewusst wird, dass sie durch ihre Regeln und Gewohnheiten an der Unterdrückung von Menschen – absichtlich oder unabsichtlich – mitschuldig wurde, muss sie dafür Buße tun und sogar Wiedergutmachung leisten.

Es ist sehr herausfordernd und erwartet von jenen, die verletzt wurden, ein hohes Maß an Reife, um zur Annahme derer bereit zu sein, die ihnen Leid zufügten. Es ist gleichermaßen herausfordernd, wenn Menschen, die sehr starke Überzeugungen über rechtschaffenes und unrechtes Verhalten hegen, mit denen auskommen sollen, deren Verhalten sie als nicht schriftgetreu oder sogar als sündig ansehen. Es gibt keine einfache Herangehensweise, eine solch komplexe Situation anzugehen. Toleranz, Höflichkeit, gegenseitigen Respekt und Mitgefühl zu entwickeln und zu kultivieren kann nur durch die Kraft von Gottes Heiligem Geist gelingen. Gottes Liebe, Gnade, Erbarmen und Barmherzigkeit müssen uns eigen werden. Nur, wenn wir uns wahrhaft und vollständig verwandeln lassen, werden wir jemals diese Vision wahrer Gemeinschaft verwirklichen, die alle einschließt.

> **Nur, wenn wir uns wahrhaft und vollständig verwandeln lassen, werden wir jemals diese Vision wahrer Gemeinschaft verwirklichen, die alle einschließt.**

Eine Missionsgemeinschaft

Mission stand im Mittelpunkt des frühen Methodismus – schlichtweg könnte man sagen: Methodismus war Mission. Es ging weniger darum, dass der Methodismus eine Mission hatte; er war eine Missionsbewegung in der Welt. Dasselbe gilt von der Gemeinde. Es geht weniger darum, dass die Gemeinde eine Mission hat; sie ist Mission. Der Dienst an der Welt, an denjenigen außerhalb der Gemeinde in ihrer großen Vielfalt der Bedürftigkeit und des Mangels, hat dauerhaft die methodistische Bestimmung definiert. Zu jeder Zeit haben sich die Evangelisch-methodistische Kirche und ihre Vorgängerkirchen (Evangelische Gemeinschaft, Vereinigte Brüder in Christo, Methodistenkirche / Bischöfliche Methodistenkirche / Bischöfliche Methodistenkirche des Südens) über ihren Auftrag definiert. Als Gemeinschaft, die in der Vorwegnahme des endgültigen Sieges der Liebe diese göttliche Liebe in der Welt verkörpert, ist unsere Mission die Mission Gottes in der Welt. Wir werden unserem Auftrag gerecht, wenn wir jenen dienen, die sich außerhalb der christlichen Gemeinschaft befinden.

Wesleys Missionsverständnis

Der frühe Methodismus in Großbritannien und Amerika hatte ein klares Missionsbewusstsein, das in Verbindung mit Leidenschaft, praktischen Strategien und flexiblen institutionellen Strukturen ein beträchtliches Wachstum zur Folge hatte und auf die Gesellschaft eine bedeutende Wirkung ausübte. Dies wirft die Frage auf, was die frühen Methodisten unter Mission verstanden. An einer Reihe von Stellen beschreibt Wesley, was er unter der Mission des Methodismus versteht. Ich habe vier Aussagen Wesleys als Beispiele ausgewählt, die wir untersuchen und als Grundlage für die Entwicklung eines methodistischen Missionsverständnisses verwenden werden. Es ist bemerkenswert, dass jedes eine sehr unterschiedliche Sprache spricht und einen einzigartigen Blickwinkel bietet. Dennoch gibt es einen roten Faden, der sich durch alle hindurchzieht. Die Aussagen sind:

– Die Nation und insbesondere die Kirche reformieren, um biblische Heiligung über das Land zu verbreiten.[36]
– Wir schließen uns zusammen zu diesem und keinem anderen Ziel, um – soweit wir dazu fähig sind – Gerechtigkeit, Erbarmen und Wahrheit, die Herrlichkeit Gottes sowie Frieden und Wohlwollen unter den Menschen voranzutreiben.[37]
– Tut nichts, außer Seelen zu retten.[38]
– Bietet ihnen Christus an.[39]

Die Nation und insbesondere die Kirche reformieren, um biblische Heiligung über das Land zu verbreiten.
Wesley war zutiefst verstört vom politischen und sozialen Klima in Großbritannien zu seiner Zeit. Es herrschte Korruption auf allen Verwaltungsebenen. Es gab ein enormes Wohlstandsgefälle und hochgradige Armut. Verbrechen waren weitverbreitet, und die den Tätern auferlegten grausamen Strafen brutalisierten die Gesellschaft. Die sozial Benachteiligten fanden Trost in Glücksspiel und billigem Schnaps. Die Standards öffentlicher Moral waren niedrig. Trotz der offiziellen Stellung der Kirche von England herrschte eine allgemeine Missachtung der Religion. Der Zustand der Kirche jener Zeit lässt sich am besten als durchwachsen beschreiben. Es gab fromme Geistliche, aber es gab auch korrupte, liederliche und ihre Stellung missbrauchende pastorale Oberhäupter. Wesley war überzeugt, dass die Mission des Methodismus darin bestand, die Nation und die Kirche zu reformieren. Für viele von uns verbindet sich das Wort *Reform* sofort mit struktureller, institutioneller oder gesetzlicher Veränderung. Wes-

leys Fokus lag woanders. Für ihn musste Reform tiefergehen; sie musste das menschliche Herz verwandeln. Daher lag der Schlüssel zur Reform der Nation und der Kirche darin, »biblische Heiligung über das Land zu verbreiten«. Dennoch war dies weder eine Abwendung von der Gesellschaft noch ein Rückzug in persönliche Frömmigkeit. Echte Heiligung des Herzens wird offenbar in der

> **Ein heiliges Leben ist eines, in dem die Liebe alle Bereiche durchdringt und zu einem Verhalten führt, das die Gesellschaft verändert.**

Heiligung des Lebens. Ein heiliges Leben ist eines, in dem die Liebe alle Bereiche durchdringt und zu einem Verhalten führt, das die Gesellschaft verändert. Dabei ist zu beachten, dass Wesley *Heiligung* nicht in Bezug auf Lehre und Kirchenverfassung definierte, sondern als eine umfassende Verbindung von Gedanken, Worten und Taten.

Wir schließen uns zusammen zu diesem und keinem anderen Ziel, um – soweit wir dazu fähig sind – Gerechtigkeit, Erbarmen und Wahrheit, die Herrlichkeit Gottes sowie Frieden und Wohlwollen unter den Menschen zu fördern.

Diese Aussage stammt aus einem Brief an König Georg II. zu einer Zeit politischer Ungewissheit in Großbritannien, und Wesley war darauf bedacht, die Treue der Methodisten zum König zu bekunden. Auf Anraten anderer schickte er ihn nicht wirklich an den König. Wie wir bereits gesehen haben, erscheint die Trias von Gerechtigkeit, Erbarmen und Wahrheit in Wesleys Schriften häufig als eine Art zusammenfassende Beschreibung für die nach außen gerichtete Liebe zu den Nächsten, das heißt, andere so zu behandeln, wie man selbst gerne behandelt werden möchte. *Gerechtigkeit* verweist darauf, Leute nach dem Wert und der Würde zu behandeln, die sie als Menschen besitzen, und ihre Taten gerecht zu beurteilen. *Erbarmen* geht über Gerechtigkeit hinaus und strebt danach, den Nöten leidender und benachteiligter Menschen zu begegnen. Zudem sucht Erbarmen aus tiefem Mitgefühl zu verstehen, wer die anderen Menschen sind und was sie tun. Diese Erkenntnis zwingt Christen dazu, die anderen nach einem Maßstab zu behandeln, der über das hinausgeht, was andere verdienen. Wir behandeln andere nicht so, wie sie es verdienen, sondern unter der Anleitung der Goldenen Regel. *Wahrheit* bedeutet, in allem wahrhaftig zu sein, was man sagt, geht aber darüber hinaus hin zu Integrität und Gewissenhaftigkeit in allen Lebensbereichen.

Interessant ist, wie Wesley diese Trias auf alle Dimensionen menschlichen Lebens anwendet. Er erwartet, dass sich Gerechtigkeit, Erbarmen und Wahrheit als Folge der zuvorkommenden Gnade auch unter denen finden lassen, die keine Christen sind. Das ist der Beweis, dass alle Menschen zum Bilde Gottes geschaffen sind, egal ob sie Gott anerkannt oder den Glauben angenommen haben. Gerechtigkeit, Erbarmen und Wahrheit sind universal. An einigen Stellen kontrastiert Wesley Gesellschaften in Asien und Afrika positiv mit jenen in Europa, weil sie größere Zeichen von Gerechtigkeit, Erbarmen und Wahrheit aufweisen. Wenn Methodisten Gerechtigkeit, Erbarmen und Wahrheit anstreben, müssen sie sich nicht nur um das persönliche Leben von Menschen kümmern, sondern sie müssen sich auch in die gemeinschaftlichen, sozialen, politischen und wirtschaftlichen Dimensionen menschlichen Lebens einmischen. Heute fordern viele Christen, dass wir Politik und Religion voneinander trennen sollten. Für Wesley wäre das ein Ding der Unmöglichkeit. Unseren Glauben in der Welt zu leben, beeinflusst alle Bereiche: Erziehung, Wirtschaft, Politik, Verbände, Engagement in der Nachbarschaft und unsere Bindung an Staat und Nation. Gott zu ehren, ist eine umfassende Aussage, die am besten damit zu beschreiben ist, eine Situation herbeizuführen, in der menschliches Leben von der Liebe zu Gott und allen Menschen durchdrungen wird. Einsatz für Frieden und Wohlwollen untereinander fördert das geistliche und körperliche Wohl aller Menschen. Im Kontext politischer Unruhe sah es Wesley als christliche Pflicht an, auf Frieden und Stabilität in der Gesellschaft hinzuarbeiten. In Anbetracht seiner Absicht, dem König Treue zu bekunden, glaubte Wesley offensichtlich nicht, dass von dieser umfassenden Mission eine Bedrohung der gesellschaftspolitischen Ordnung seiner Zeit ausgehen könnte. Dazu kam es allerdings doch, als Wesley sich später aktiv für ein Ende des Sklavenhandels einsetzte, der eine Hauptgrundlage für den Erfolg der britischen Wirtschaft war.

Tut nichts, außer Seelen zu retten.
Der Ausdruck »Seelen retten« ist gleichbedeutend mit Evangelisation geworden und vermittelt in der heutigen Gesellschaft oft den Eindruck eines sehr weltfremden und für die

Gesellschaft bedeutungslosen Missionsverständnisses der Kirche, als ginge es nur darum, dass Menschen nach ihrem Tod »in den Himmel kommen«. Zweifellos hatte Wesley auch Evangelisation im Sinn, wenn er davon sprach, Seelen zu retten. Dazu gehörte die Vorstellung, dass Menschen zur Gewissheit des Lebens mit Gott nach dem Tod finden. Das war für sein Wirken zentral. Dennoch rief Wesley Menschen nicht nur einfach dazu auf, ein Bekenntnis zum Glauben abzulegen. Es ging darum, Menschen in eine verwandelnde Beziehung zu Gott zu rufen, die mit den ersten Schritten des Glaubens begann und auf ein neues Leben und einen neuen Lebensstil ausgerichtet war, der sich ganz in der Gegenwart Gottes vollzog. Eine Seele, die gerettet war, war eine, die zum Bilde Gottes verwandelt worden war, was zu einem von Gottes Liebe durchdrungenen Leben führte. Dies war kein einmaliges Ereignis, sondern ein lebenslanger Prozess der Wandlung.

Bietet ihnen Christus an.
Wenn Wesley die Wendung »bietet ihnen Christus an« benutzte, hieß das, Menschen in das dreifache Amt Christi einzuführen: Prophet, Priester und König. Als Prophet verkündet Christus das moralische Gesetz von Gottes Liebe. Er lehrt uns, wie dieses Gesetz alle Dimensionen unseres Lebens prägen sollte, und zeigt uns, wo wir es versäumt haben, treu in der Bundesbeziehung zu verbleiben. Als Priester bewirkt Christus Sündenvergebung und versöhnt uns mit Gott. Als König regiert und verwandelt Christus uns so, dass die Heiligung unseres Herzens und Lebens offenbar wird, sodass wir – um es in der von uns

verwendeten Begrifflichkeit zu sagen – von göttlicher Liebe durchdrungen sind.

Wesleys Missionsverständnis ist umfassend und ganzheitlich. Zweifellos steht Evangelisation als Einladung in eine verwandelnde Beziehung zu Gott im Mittelpunkt. Dennoch schließt dies eine umfassendere Beschäftigung mit dem persönlichen, gemeinschaftlichen, gesellschaftlichen, wirtschaftlichen und politischen Leben von Menschen nicht aus. Evangelisation kommt nur dann zum Ziel, wenn sie Menschen hervorbringt, die sich aktiv darum bemühen, den Nöten anderer durch ein Leben in Gerechtigkeit, Erbarmen und Wahrheit zu begegnen.

Mit Wesley und darüber hinaus: Mission heute

Heutige Kontexte sind anders als zur Zeit Wesleys, und die methodistische Bewegung hat sich seit Wesleys Tagen in verschiedenste Richtungen entwickelt. Im Laufe der Jahre wurden unterschiedliche Aspekte von Wesleys Missionsverständnis hervorgehoben. Heute müssen wir das ganzheitliche und umfassende Missionsverständnis, das Wesley lehrte, wieder zurückerlangen, indem wir Wesleys Schriften mit dem aktuellen theologischen Kontext in Verbindung bringen. Laut Wesley ist die Kirche dazu berufen, Gemeinschaft zu sein, in der die göttliche Liebe in einer gebrochenen Welt verkörpert wird. Darin wird die endgültige Verwirklichung von Gottes Ziel vorweggenommen, wenn die menschliche Gesellschaft und die ganze Schöpfung von der göttlichen Liebe durchdrungen sein werden. Als eine solche Gemeinschaft dient die Kirche den Menschen außerhalb der Kirche und wird zu einer Quelle von Erneuerung und Verwandlung in der Gesellschaft.

Was also ist Mission in der heutigen Zeit? Sie bezeugt die verwandelnde Liebe Gottes in Wort, Dasein und Tat. Die Kirche ist berufen, die gute Nachricht zu verkünden, dass Gott in der Welt wirkt und die göttliche Liebesherrschaft errichtet, die im Leben, im Tod und der Auferstehung Christi begonnen hat. Wir leben diese Wirklichkeit schon jetzt, während wir die Vollendung des neuen Himmels und der neuen Erde erst noch erwarten. Damit geht das wunderbare Angebot Gottes an Menschen einher: Gott will, dass wir an dieser Liebesherrschaft teilhaben, indem wir durch Christus mittels der Wirkung des Heiligen Geistes in einer persönlichen, verwandelnden Beziehung zu Gottes ureigenstem Wesen stehen. Gottes Herrschaft bricht sich in dieser Welt Bahn durch Gemeinschaften von Menschen, die von der Liebe Gottes verwandelt wurden. Nur mit Worten beteuerte Gemeinschaft ist nicht glaubwürdig, wenn keine Gemeinschaften existieren, die Gottes Liebesherrschaft verkörpern. Daher ist die Existenz von menschlichen Gemeinschaften, deren persönliches Leben verwandelt wurde und deren Gemeinschaftsleben von göttlicher Liebe durchdrungen ist, wesentlich für das Zeugnis davon, was Gott tut. In einer zunehmend säkularen Zeit, in der jegliches »Reden von Gott« suspekt ist, muss die Zuverlässigkeit der Botschaft durch die Existenz verwandelter Gemeinschaften bestätigt werden. Schließlich bleibt alles Reden von Liebe bedeutungslos, wenn es sich nicht konkret darin ausdrückt, den Nöten anderer abzuhelfen. Dieses Handeln, mit dem der Not von Menschen begegnet wird, reicht vom persönlichen Umfeld bis in kommunale, soziale und politische Zusammenhänge.

Rückschau

Wenn Mission für den frühen Methodismus von zentraler Bedeutung war, dann ist Mission auch heute zentraler Bestandteil für die Evangelisch-methodistische Kirche. Auch wenn sich die Evangelisch-methodistische Kirche zurzeit in einer Situation der Ungewissheit sieht, leugnet sie den Grund ihrer eigenen Existenz, wenn sie nur auf sich selbst schaut und nur die Bewahrung als Institution im Blick hat, anstatt sich auf Mission zu konzentrieren. Unsere Herausforderung heute ist, wie wir Mission wieder zum zentralen Bestandteil für das Leben der gesamten Evangelisch-methodistischen Kirche machen. Können wir uns *Kirche* wieder als ein Netzwerk von Gemeinden vorstellen, die sich darauf verpflichten, der Liebe Gottes in der Gesellschaft Ausdruck zu verleihen und andere dazu aufrufen, an Gottes verwandelnder Mission teilzuhaben?

Fazit

In diesem Kapitel haben wir drei Themenfelder untersucht: die Kirche als Bundesgemeinschaft, als Willkommensgemeinschaft und als Missionsgemeinschaft. Es ist wichtig wahrzunehmen, dass diese drei Themenfelder alle miteinander verknüpft sind. Die Kirche ist durch ihre

Bundesbeziehung zum gekreuzigten Christus als eine Gemeinschaft begründet. Als Bundesgemeinschaft steht sie allen offen, die in Beziehung zu Christus stehen, und bekundet Gottes gnädiges Willkommen für alle. Der Bund ist die Beschreibung von Gottes Wirken, um Menschen in Gemeinschaft so zu verwandeln, dass sie von göttlicher Liebe durchdrungen sind. Die Bundesgemeinschaft ist also in die Mission gerufen, um die göttliche Liebe in der Welt zu verkörpern und zu vermitteln.

Anregungen zum Gespräch

Welche Erfahrungen haben Sie mit dem Bundeserneuerungsgottesdienst gemacht?

Welche Hindernisse haben wir aus dem Weg zu räumen, um wirklich eine Willkommensgemeinschaft zu sein? Inwiefern erleben wir Rassismus, Sexismus, Fremdenfeindlichkeit oder Homophobie, um nur einige Themen zu benennen?

Wie können wir uns füreinander öffnen als Menschen, die Verletzungen erfahren haben, und als solche, die starke gegensätzliche Überzeugungen, z. B. in der Homosexualitätsthematik, haben?

Was bedeutet es konkret, sich für Gottes Geist zu öffnen, der das bewirken kann?

Inwiefern ist die Kirche Missionsgemeinschaft? Wie beeinflussen die vier wesleyanischen Aspekte (Nation und Kirche reformieren; Gerechtigkeit, Erbarmen und Wahrheit bringen; Seelen retten; den Menschen Christus anbieten) unser Verständnis von missionarischer christlicher Existenz, und wie kann missionarischer Gemeindeaufbau geschehen?

Erzählen Sie sich Beispiele, wie eine von Liebe verwandelte Gemeinschaft in Gottes Mission tätig ist.

5

Die Kirche – eine erkennbar andere Gemeinschaft

Dieses Kapitel setzt die Untersuchung von Merkmalen der Kirche fort, die innerhalb der methodistischen Tradition von Bedeutung sind. Wir beginnen, indem wir die Kirche als sakramentale Gemeinschaft betrachten, als eine Kirche, die sich regelmäßig versammelt, um das heilige Abendmahl zu feiern. Wenn die Kirche die Erinnerung an Christi Opfer ins Zentrum ihres Lebens stellt, lässt das einen verwandelten Lebensstil entstehen, sodass die Kirche zu einer gegenkulturellen Gemeinschaft wird. Es ist jedoch nicht einfach, eine gegenkulturelle Gesinnung aufrechtzuerhalten. Die Versuchung, sich an die vorherrschenden Werte einer bestimmten Gesellschaft anzupassen, ist groß. Die gegenkulturelle Gesinnung kann nur bewahrt werden und wachsen, wenn die Kirche eine Gemeinschaft ist, in der man sich gegenseitig Rechenschaft ablegt und unterstützt.

Eine sakramentale Gemeinschaft

Der frühe Methodismus kann auf vielerlei Weise beschrieben werden. Für einige war er in erster Linie eine evangelistische Bewegung, für andere eine Heiligungsbewegung, während er für wiederum andere eine soziale Reformbewegung war. All dies trifft auf unterschiedliche

Weise zu, und es muss außerdem ergänzt werden, dass er eine Bewegung zur sakramentalen Erneuerung war, die die Feier des heiligen Abendmahls ins Zentrum des christlichen Lebens stellte. Seit seinem Studium in Oxford übte sich Wesley in regelmäßiger Teilnahme am heiligen Abendmahl. Man schätzt, dass er während seines Lebens durchschnittlich etwa alle fünf Tage Abendmahl feierte. Er veröffentlichte eine von ihm und seinem Bruder Charles geschriebene Sammlung von Kirchenliedern, die ausdrücklich während der Feier des heiligen Abendmahls verwendet werden sollten. Das Bedürfnis amerikanischer Methodisten, das Abendmahl empfangen zu können, veranlasste Wesley zum Ende seines Lebens hin, Prediger zur Austeilung der Sakramente zu ordinieren, obwohl das gegen die Regeln der Kirche von England verstieß. Wesley erwartete, dass eine Gottesdienstgemeinschaft das Sakrament des Herrenmahls immer dann feiern werde, wenn sie sich unter der Leitung von ordinierten Geistlichen versammelte. In diesem Abschnitt werden wir Wesleys Auffassung vom heiligen Abendmahl und dessen Bedeutung für das Leben und die Mission der Kirche erkunden.

Das heilige Abendmahl in der Theologie John Wesleys

Das heilige Abendmahl ist von zentraler Bedeutung für Wesleys Auffassung vom christlichen Leben und für sein eigenes geistliches Leben, weil er es als ein vorrangiges Gnadenmittel ansah, mit dem wir durch göttliche Liebe verwandelt werden. Im Laufe der Jahrhunderte haben christliche Denker über die Bedeutung, Praxis, Einsetzung und Wirkung des heiligen Abendmahls viel diskutiert. Diese Diskussionen führten zu Konflikten und Spaltungen innerhalb der Kirche. Auch in unserer Zeit sind Unterschiede in der Deutung und im Verständnis des heiligen Abendmahls ein Hauptstreitpunkt zwischen der römisch-katholischen und den protestantischen Kirchen. Wenn kurz einige bezeichnende Merkmale von Wesleys Deutung des heiligen Abendmahls erläutert werden, ist damit nicht beabsichtigt, in Debatten und Konflikte mit anderen einzutreten. Vielmehr soll erforscht werden, wie Wesley zu einem volleren Verständnis der Abendmahlserfahrung beiträgt. Wie in anderen Aspekten seiner Theologie machte Wesley auch hier von Ideen anderer Gebrauch.

Der erste wichtige Aspekt von Wesleys Theologie des Abendmahls ist der, dass das Abendmahl Gemeinschaft mit Christus ist. Wenn wir das Brot essen und aus dem Kelch trinken, begegnen wir Jesus Christus durch das Wirken des Heiligen Geistes. Die Abendmahlsfeier ist nicht einfach die Teilnahme an einem religiösen Ritual. Noch weniger ist sie ein quasi-magisches Ereignis. Sie ist Begegnung mit dem, der uns liebt, der sich für uns gegeben hat, der in Beziehung mit uns zu leben begehrt, der uns vergibt, der sich auf uns einlässt, um uns aus unserer Selbstbezogenheit zu befreien, und der uns so verwandelt, dass unser Leben von Liebe durchdrungen werden kann.

> **Wenn wir das Brot essen und aus dem Kelch trinken, begegnen wir Jesus Christus durch das Wirken des Heiligen Geistes.**

Ein zweiter Aspekt ist der, dass der Mittelpunkt des Abendmahls die Darstellung der Kreuzigung Jesu ist. Der Tod Christi wird der Gemeinde symbolisch vergegenwärtigt. Wie wir im letzten Kapitel festgehalten haben, ist jede Begegnung mit Christus eine Begegnung mit ihm in seinen drei Ämtern als Priester, Prophet und König. Das gilt auch für die Darstellung des Todes Jesu. Als Priester ist die Darstellung des gekreuzigten Christus die in Kraft gesetzte Verkündigung von Gottes vergebender, annehmender und aufnehmender Liebe. Als Prophet ist sie die in Kraft gesetzte Verkündigung des göttlichen Zieles, dass wir ein kreuzgemäßes Leben der Liebe zu Gott und unseren Mitmenschen führen. Als König ist die Darstellung des gekreuzigten Christus ein Gnadenmittel, das uns so verwandelt, dass unser Leben zunehmend von göttlicher Liebe durchdrungen wird.

Ein dritter Aspekt für Wesley ist der, dass das heilige Abendmahl ein bekehrendes Gnadenmittel darstellt. Die Teilnahme am Abendmahl ist ein Mittel, durch das Gott uns verwandelt, unseren Glauben vermehrt und unser Leben in Bundestreue zum gekreuzigten Christus neu ausrichtet. Es ist wichtig, zwei Dinge zu erwähnen, die notwendigerweise dazugehören. Das erste ist, dass alle am Tisch willkommen sind, deren Wunsch es ist, eine verwandelnde Beziehung zu Gott einzugehen oder darin zu wachsen. Dieser Wunsch nach einer Beziehung zu Gott ist Ausdruck beginnenden Glaubens, und die Teilnahme am Abendmahl ist ein Mittel, durch das dieser Glaube wachsen und sich entwickeln kann. Das zweite ist, dass regelmäßige, glaubensvolle Teilnahme am Abendmahl zum Wachstum in der eigenen Beziehung zu Gott führen wird.

Ein vierter Aspekt ist, dass Wesleys Abendmahlsverständnis gemeinschaftlich ist. Obwohl ein deutlicher Akzent auf der Begegnung des einzelnen Menschen mit Christus liegt, benutzen viele der von John und Charles Wesley für das Abendmahl geschriebenen Kirchenlieder Pluralpronomina, also Fürwörter in der Mehrzahl. »Wir« als ein Leib kommen an den Tisch, um mit dem lebendigen Christus Gemeinschaft zu haben. Einzelne Gläubige können das Sakrament nicht alleine feiern; in erster Linie ist es ein gemeinschaftlicher Akt.

Der letzte Aspekt, auf den ich eingehen werde, ist der, dass das Abendmahl eine Blickrichtung in die Zukunft hat. Die Begegnung mit dem gekreuzigten Christus weist uns voraus auf das Ziel des christlichen Lebens in der Fülle der Gegenwart Gottes und auf das Ziel der Vollendung in der neuen Schöpfung. Das Abendmahl verweist uns also auf das letzte Ziel der Schöpfung, wenn die Gegenwart des Gottes der Liebe die Welt so verwandeln wird, dass sie von Gottes Liebe durchdrungen wird.

Das Abendmahl als Inszenierung offener Gemeinschaft

Wir überspringen kurzerhand zwei Jahrhunderte – weg von Wesley und auf einen anderen Kontinent. Es ist das Jahr 1982 in Kapstadt in Südafrika. Ein anglikanischer Priester namens Harry Wiggett wird gebeten, als Pfarrer für die politischen Gefangenen im Pollsmoor-Gefängnis Dienst zu tun. Unter diesen Gefangenen ist der Methodist

Nelson Mandela. Sooft er konnte, feierte Wiggett mit den Gefangenen Abendmahl. In seinem Buch *A Time to Speak* (Sprechen wir darüber)[40] beschreibt Wiggett den ersten Abendmahlsgottesdienst. Ein paar Gefangene sammelten sich um den Abendmahlstisch. Um sicherzugehen, dass nichts »Verdächtiges« geschah, beobachtete von der Seite des Raumes ein Gefängniswärter die Vorgänge, Christo Brand. Wiggett begann mit der Liturgie, und die Versammlung hatte gerade den Friedensgruß miteinander geteilt, als Mandela ihn unterbrach und ihn bat innezuhalten; daraufhin ging Mandela zu Christo Brand hinüber und fragte ihn, ob er Christ sei. Brand bestätigte das. Mandela sagte: »Nun … dann kommen Sie zu uns an diesen Tisch! Sie können nicht abseits sitzen. Das ist das heilige Abendmahl, und wir müssen es miteinander teilen und gemeinsam empfangen.«[41] Der Wärter zog seinen Stuhl zum Tisch und nahm zusammen mit den Gefangenen am Abendmahl teil.

Diese Szene zeigt lebhaft, wie sich methodistische Theologie nach Wesley in verschiedener Weise entfaltet. Die erste Entwicklung ist eine sich vertiefende Wertschätzung des universalen, gemeinschaftlichen Charakters des Abendmahls. Oben ist die Tatsache erwähnt, dass Wesley Pluralpronomina verwendete, um auf das Abendmahl als gemeinschaftliche Begegnung mit dem gekreuzigten Herrn hinzuweisen. Es fehlt jedoch der sich im Neuen Testament findende Akzent, dass das heilige Abendmahl nicht nur

> **Das heilige Abendmahl ist nicht nur Gemeinschaft mit Christus, sondern auch mit anderen als Gliedern am Leib Christi.**

Gemeinschaft mit Christus ist, sondern auch mit anderen als Gliedern am Leib Christi. In der frühen Kirche fand der ritualisierte Empfang des Brotes und des Kelches im Zusammenhang mit einem gemeinsamen Mahl statt. Die Christen kamen zusammen, teilten ihr Essen und lagen in großer körperlicher Nähe miteinander zu Tisch (Liegen bedeutet körperliche Nähe, sogar Körperkontakt). Diese starke Intimität gewinnt tiefere Bedeutung, wenn wir erkennen, dass die Zugehörigkeit zu diesen frühen christlichen Gemeinschaften die sozialen Unterschiede und kulturellen Barrieren jener Zeit überwand. Die Teilnahme am Abendmahl verkörpert symbolisch die neue Gemeinschaft, die uns in unserer gemeinsamen Beziehung zum auferstandenen Gekreuzigten vereint.

Tragischerweise versagt die Kirche oft gerade dabei. Im frühen amerikanischen Methodismus entwickelte sich die Gepflogenheit, von Afroamerikanern zu verlangen, in einem besonderen Teil der Kirche zu sitzen und ihnen zuletzt das Abendmahl auszuteilen. Die Gegenwart schwarzer Menschen war von weißen Kirchengliedern im Allgemeinen nicht erwünscht, und insbesondere musste die Praxis vermieden werden, dass weiße Kirchenglieder aus demselben Kelch tranken und vom selben Teller aßen, die von afroamerikanischen Kirchengliedern benutzt worden waren. Dies steht im krassen Gegensatz zur Bedeutung des Sakraments. Das Abendmahl ist ein Zeichen unserer gegenseitigen Liebe und unserer Gemeinschaft. Auf lokaler Ebene zeugt das Abendmahl von unserer Bereitschaft, mit allen Menschen in Christus eins zu sein. Auf globaler Ebene reicht unsere Liebe und Gemeinschaft über jene hinaus, die körperlich anwesend sind, und umschließt alle Christen auf der ganzen Welt. So drückt das Abendmahl unsere Einheit in Christus aus und sollte uns motivieren, nach einem volleren Ausdruck dieser Einheit zu streben.

Eine zweite Entwicklung war die Feier des offenen Abendmahls, die aus Wesleys Auffassung vom Abendmahl als einem bekehrenden Gnadenmittel entstand. Offenes Abendmahl bedeutet, alle, die Christus suchen, offen einzuladen, an den Tisch zu kommen. Innerhalb der Evangelisch-methodistischen Kirche geht das sogar so weit, dass der Tisch auch jenen geöffnet wird, die nicht getauft sind, obwohl sie anerkennt, dass Taufe normalerweise die Voraussetzung für die Gliedschaft in einer kirchlichen Gemeinschaft ist. Die Feier des heiligen Abendmahls ist kein geheimes Ritual für die Initiierten, sondern kann das Mittel sein, durch das Gottes Gnade zum ersten Mal von noch nicht initiierten Suchenden empfangen wird.

Eine dritte Entwicklung ist die missionarische Dimension. Nachdem wir der verwandelnden Gegenwart Christi am Tisch begegnet sind, werden wir in die Welt hinausgeschickt, um den Menschen außerhalb der Kirche durch unsere Worte, unsere Gegenwart und unsere konkreten Taten der Gerechtigkeit und des Erbarmens die kreuzgemäße Liebe zu verkünden. In unserer Abendmahlsliturgie heißt es, dass wir durch die Mahlfeier eins mit Christus, eins miteinander und eins im Dienst für die Welt werden. Das sind keine separaten Merkmale, sondern drei Facetten einer Wirklichkeit. Die gemeinschaftliche Verbindung (Kommunion), die wir erfahren, verbindet uns mit Gott durch die Kraft des Heiligen Geistes, um gemeinsam als der fleischgewordene Leib Christi in der Welt zu wirken. Dies ist eine elegante Verbindung der Werke der Frömmigkeit mit den Werken der Barmherzigkeit.

Kehren wir zur Geschichte zurück, mit der wir diesen Abschnitt begonnen haben. Ein methodistischer Laie, gefangen, unterdrückt und diskriminiert, lud an den Abendmahlstisch zu sich und den anderen Gefangenen die Person ein, deren Gegenwart und Aufgabe den unterdrückerischen und rassistischen Staat verkörperte. Es war ein Akt, der die soziale Ordnung radikal umkehrte, die göttliche Liebe verkörperte und eine neue Gemeinschaft schuf inmitten aller Ablehnung und Verweigerung. Dies ist eine umfassende Veranschaulichung des heiligen Abendmahls als Mittel zu einer offenen, inklusiven, heilenden und missionarischen Gemeinschaft.

Eine gegenkulturelle Gemeinschaft

Als ich einmal die Vereinigten Staaten für einige kirchliche Treffen besuchte, wartete ich in einer langen Schlange vor den Schaltern der Einwanderungsbehörde. Ich war müde nach dem langen Flug und wollte nur nach draußen und so schnell wie möglich in mein Hotel. Es schien dermaßen lange zu dauern, bis die Person vor mir abgefertigt war, und ich fragte mich, ob ich mich auch vielen detaillierten Fragen würde stellen müssen. Als ich an die Reihe kam, fragte mich der Beamte, warum ich in die USA käme. Ich antwortete, dass ich für die Evangelisch-methodistische Kirche arbeitete und kirchliche Treffen besuchte. »Schön«, antwortete er, stempelte meinen Pass, und schon konnte ich weiter. Methodist zu sein ist in den USA gesellschaftlich angesehen und hat in einigen Fällen sogar Vorteile – wie in diesem. Das ist nicht überall so. Ich lebe in der Schweiz. Wenn sich hier ein beliebter Politiker und Mitglied des *Nationalrates* – dem Schweizer Äquivalent zum Bundestag – der Wiederwahl stellt, gibt es Fragen und Diskussionen in der Presse in Bezug auf seine merkwürdige Religion und ihre möglichen Auswirkungen auf seine politischen Entscheidungen. Er ist Methodist.

Im Gegensatz zu den Vereinigten Staaten, in denen der Methodismus eine große und wohlangesehene Konfession ist, ist der Methodismus in Europa eine Minderheitskirche, die an vielen Orten immer noch mit Argwohn betrachtet wird. Dies ist kaum anders als im frühen Methodismus, der nicht als gesellschaftlich angesehen erachtet wurde. *Methodist* war ursprünglich ein abwertender Begriff für eine kleine anglikanische Gruppe, die sich einer peinlich genauen und beengenden Disziplin unterwarf. Methodist zu sein, brachte keine gesellschaftlichen oder wirtschaftlichen Vorteile mit sich. Methodisten wurden als religiöse Fanatiker betrachtet und zum Gegenstand satirischer Karikaturen. Man blickte auf sie herab. Methodist zu werden hieß, die angesehene Gesellschaft zu verlassen. Es muss erwähnt werden, dass dieses Vorurteil schlicht die Folge davon war, dass die Methodisten sich bewusst einen Lebensstil aneigneten, der in Gegensatz zu dem stand, was viele als sozial annehmbar betrachteten. Besonders die besser situierten Schichten dachten so. Methodist zu sein hieß, Teil einer gegenkulturellen Bewegung zu sein.

Den methodistischen Wurzeln treu sein heißt, das gegenkulturelle Erbe ganz neu zu entdecken.

Wenn die Evangelisch-methodistische Kirche ihren Wurzeln treu sein will, muss sie ihr gegenkulturelles Erbe wieder ganz neu entdecken. Gegenkulturell zu sein heißt in unterschiedlichen kulturellen Kontexten ganz Unterschiedliches. Dies gilt nicht nur von Land zu Land, sondern sogar innerhalb eines Landes von Ort zu Ort und von Gebiet zu Gebiet.

Gemeinschaft des Gekreuzigten

Frühchristliche Gemeinschaften trafen sich regelmäßig, um gemeinsam zu essen. Als Teil der Mahlzeit gab es ein Ritual: Brot essen und Wein trinken in Erinnerung an Jesu Tod. Dieses ritualisierte Essen und Trinken ist so sehr Teil unserer Kultur geworden, dass wir nicht mehr erkennen, wie schockierend das für die griechisch-römische Kultur des ersten Jahrhunderts gewesen sein muss. Gemeinsame Mahlzeiten einzunehmen war ein normaler Teil im Leben vieler Vereinigungen jener Zeit, sowohl religiöser als auch säkularer Art. Die gemeinschaftliche Dynamik einer solchen Mahlzeit (einschließlich Sitzordnung, Art des Essens und wer welches Essen bekam) war Ausdruck der Ideale und Glaubenssätze der für die Ausrichtung der Mahlzeit verantwortlichen Vereinigung. Was die Gesellschaft im ersten Jahrhundert entsetzt haben muss, war, dass im Mittelpunkt dieses Mahles der symbolische Nachvollzug des Todes von jemandem stand, der als Krimineller hingerichtet worden war, und dass dies als Blut und Leib in Wein und Brot dargestellt wurde. Darüber hinaus warf die Art dieser Hinrichtung noch ein ganz anderes Problem auf, weil Kreuzigung die Hinrichtungsweise für den »Abschaum« der Gesellschaft war: für Sklaven, Rebellen, Aufrührer und Verräter. Es war ein quälend schmerzhafter Tod, begleitet von Spott, Ablehnung, Erniedrigung und Schmach. Die jüdische Tradition deutete die Kreuzigung darüber hinaus als Zeichen dafür, unter einem göttlichen Fluch zu stehen. Jesus war von der politischen und religiösen Elite seines Volkes verworfen und den Feinden des jüdischen Volkes übergeben worden, um nackt ausgezogen (der höchste Ausdruck von Schande), gefoltert, getötet und so unter einen göttlichen Fluch gestellt zu werden. Er wurde zusammen mit zwei anderen gekreuzigt und so symbolisch mit Erniedrigten, Entehrten, Verbrechern und Verdammten identifiziert. Es war ein unglaublicher und riskanter Akt für die Christen, das Kreuzigungsgeschehen zum Mittelpunkt ihres gemeinsamen Mahles und ihrer Identität zu machen. Sie gingen noch darüber hinaus, indem sie verkündeten, dass Gott diesen Jesus von den Toten auferweckt habe und dass er der wahre Retter und Herr der Welt sei. *Retter* und *Herr* waren Titel, die gewöhnlich dem römischen Kaiser zustanden. Christen dagegen erkannten den obersten Kaiser in dem, der von Rom erniedrigt und hingerichtet worden war. Das Gemeinschaftsmahl stellte die Kreuzigung und Auferstehung Jesu in den Mittelpunkt als Schlüssel, um zu verstehen, wer Gott ist und was der Zweck des menschlichen Lebens ist.

In vielerlei Weise ist das ganze Neue Testament eine Erörterung von Gottes Wesen und Willen und von Gottes Absicht für unser Leben. Man würde mehr als einen kurzen Abschnitt in diesem Buch benötigen, um dem Umfang und der Reichweite dieser Lehren gerecht zu werden. Für unsere Zwecke ist es äußerst bedeutsam, dass im Kreuz Christi das Wesen der Liebe, von der wir sprechen, bestimmt ist. Christliche Liebe ist kreuzgemäße Liebe. Fünf Punkte begründen diese Annahme:

– Das Kreuz definiert Größe neu. Die Größe Gottes wird in Erniedrigung und Qual am Kreuz offenbar und nicht in herrschaftlichem Prunk und Triumph.
– Das Kreuz offenbart göttliche Liebe als herausfordernd, aufopferungsvoll und selbsterniedrigend.
– Das Kreuz ruft zu äußerster und eindeutiger Treue dem gekreuzigten Herrn gegenüber.
– Das Kreuz macht deutlich, dass Dienst die Grundform des christlichen Einsatzes in der Welt ist, nicht Herrschaft und Zwang.
– Das Kreuz offenbart, dass Gott bei den Abgelehnten, den Entehrten, den Erniedrigten, den Entmachteten, den Opfern und den Leidenden gegenwärtig ist und dass er sich selbst sogar mit ihnen identifiziert.

Diese fünf Punkte sollten zusammen mit vielen anderen die gemeinschaftliche Gesinnung und Identität derer formen, die sich regelmäßig um den Tisch versammeln, um vom Brot zu essen und aus dem Kelch zu trinken in Erinnerung an Jesus, den Christus.

Gegenkultureller Methodismus

Obwohl John Wesley die Bedeutung des Kreuzes nicht in genau der Weise entfaltete, wie ich es hier getan habe, können wir Aspekte hiervon in seiner ganzen Theologie finden. Auch war es ihm wichtig, den Methodismus als eine gegenkulturelle, von göttlicher Liebe geformte Gemeinschaft zu begründen. Wesley stellte sich eine Gemeinde vor, die der Gemeinschaft in Christus Jesus entspricht – eine Formulierung aus dem Philipperbrief (2,5), wo sich Paulus ausdrücklich auf die Kreuzigung bezieht – und die wie Christus den Weg des Kreuzes geht. Wesley versuchte zu erklären, was göttliche Liebe im achtzehnten Jahrhundert erforderte, indem er seine Allgemeinen Regeln[42] aufstellte, die alle Methodisten annehmen und befolgen sollten. Diese Regeln skizzierten einen gegenkulturellen Lebensstil im Großbritannien des achtzehnten Jahrhunderts und begründeten so den Methodismus als gegenkulturelle Gemeinschaft, die eine verwandelnde Beziehung zu Gott suchte und erfuhr.

Wesley unterteilte die Regeln in drei Kategorien: Böses aller Art meiden, Gutes aller Art und an allen tun sowie die von Gott verordneten Gnadenmittel gebrauchen (was wir heute wohl damit umschreiben würden, individuelle und gemeinschaftliche Angebote von Andacht und Gottesdienst anzunehmen und zu praktizieren). Dies sind nach außen gerichtete und sichtbare Zeichen göttlicher

Liebe. Die ersten beiden Regeln drücken die Liebe zu allen Menschen aus, und die letztere drückt die Liebe zu Gott aus.

Wenn wir die Allgemeinen Regeln unter die Lupe nehmen, finden wir keine umfassende Liste von Glaubenssätzen und Anweisungen, sondern weitgefasste Anwendungsbereiche, die uns erkennen helfen, wie wir besser in liebevoller Bundesgemeinschaft leben können. Ein paar Beispiele werden das zeigen.

Wesley lehrte, dass Methodisten keine Güter kaufen oder verkaufen sollten, auf die keine Einfuhrzölle gezahlt worden waren. Schmuggel war zur Zeit Wesleys in Großbritannien weit verbreitet, vor allem in Cornwall, wo der Methodismus ein beträchtliches Wachstum erlebte. Wesley war davon überzeugt, dass Christen die Pflicht hatten, Steuern zu zahlen, nicht zuletzt, weil eine Umgehung der Steuerpflicht die Last für diejenigen vergrößerte, die es sich am wenigsten leisten konnten – die Armen. Vom Schmuggel Abstand zu nehmen, war in diesem Zusammenhang ein wichtiger gegenkultureller Standpunkt und einer, um dessen Realisierung Wesley kämpfte.

In einem Kontext beträchtlicher Armut und Entbehrung war die Regel, Menschen Gutes zu tun »nach dem Vermögen, welches ihnen Gott gibt, [nämlich] die Hungrigen speisen, die Nackenden kleiden, Kranke und Gefangene besuchen und ihnen behilflich [sein]«[43], nicht nur ein beachtlicher Ausdruck der Liebe zum Nächsten. Sie erregte auch beträchtlichen Anstoß in der Mittelstandsgesellschaft. Es war gängiger Glaube, dass arme Menschen genau das bekamen, was sie vom Leben verdienten. Die

Vorstellung, dass die Vermögenden irgendeine Art von Verantwortung für die ohne Vermögen hätten, wurde nicht gerne und nicht weithin akzeptiert.

Die amerikanischen Methodisten fügten der ursprünglichen Liste John Wesleys unter »Nichts Böses tun« eine wichtige Erweiterung hinzu: »Sklavenhalten; Kaufen oder Verkaufen von Sklaven«[44]. Der Kampf gegen Sklaverei und Sklavenhandel wurde für Wesley gegen Ende seines Lebens zu einem wichtigen Thema, obwohl es in Großbritannien nur wenig wirkliche Sklaverei gab. Daher hatte für britische Methodisten die Frage der Sklaverei nicht die Bedeutung, die sie für amerikanische Methodisten hatte, weshalb den Allgemeinen Regeln diese Erweiterung zunächst nur in Amerika hinzugefügt wurde.

Gegenkulturell sein – heute

Innerhalb der Evangelisch-methodistischen Kirche wird durch unsere Verfassung verhindert, dass die Allgemeinen Regeln verändert oder widerrufen werden – das wäre nur durch eine Dreiviertelmehrheit aller Mitglieder aller jährlichen Konferenzen der Evangelisch-methodistischen Kirche möglich. Es mag durchaus wichtig sein, die Allgemeinen Regeln als historisches Dokument unseres methodistischen Erbes zu bewahren. Ungewollt führt das allerdings dazu, dass wir sie zu schnell als Antworten auf spezielle Fragen in Gesellschaften des achtzehnten Jahrhunderts abtun und damit fälschlicherweise als für heute bedeutungslos ansehen. Die Wahrheit ist die, dass es in unserer Geschichte niemals einen kritischeren

Zeitpunkt gegeben haben mag, um sorgfältig darüber nachzudenken, was es heißt, Böses aller Art zu meiden, alles erdenklich Gute zu tun und jene geistlichen Praktiken zu pflegen, die uns unsere einzigartige Identität in Christus schenken. Nichts Böses zu tun, Gutes zu tun und in glaubensorientierter, von Liebe durchdrungener Nachfolge zu wachsen könnte vielleicht das wichtigste gegenkulturelle Zeugnis sein, das wir anbieten können.

Nichts Böses zu tun, Gutes zu tun und in glaubensorientierter, von Liebe durchdrungener Nachfolge zu wachsen könnte vielleicht das wichtigste gegenkulturelle Zeugnis sein, das wir anbieten können.

Es ist unerlässlich, dass wir die am Kreuz offenbarte göttliche Liebe als Ausgangspunkt wählen und darum ringen, was es in unseren modernen Zusammenhängen heißt, nichts Böses zu tun, Gutes zu tun und Gottes Gnadenmittel zu gebrauchen. Wenn wir das tun, sollten wir Folgendes beachten:

- In unterschiedlichen Kontexten wird es unterschiedliche Punkte geben, an denen die Evangelisch-methodistische Kirche einen gegenkulturellen Standpunkt einnehmen muss. Die Allgemeinen Regeln werden in unterschiedlichen Kontexten unterschiedlich mit Leben gefüllt werden.
- Gegenkulturelle Regeln werden auch innerhalb unserer Kirche umstritten sein und müssen daher sorgfältig aus Gottes Offenbarung in Christus begründet werden.
- Obwohl die Praxis gegenkultureller Regeln kontextab-

hängig ist, passiert es manchmal, dass Menschen von außerhalb eines Kontextes Probleme deutlicher erkennen als jene innerhalb. Daher ist es nötig, die Stimmen von Menschen in anderen Kontexten zu hören.

– Gegenkulturell zu sein ist folgenreich und kann zu erheblichem Widerstand führen.

– Es braucht eine gewisse Flexibilität, um auf bestimmte Fragen unterschiedliche, mit der kreuzgemäßen Liebe übereinstimmende Antworten zuzulassen.

Eine Gemeinschaft gegenseitiger Verantwortlichkeit

Der Methodismus war mit seinem Ruf nach Heiligung des Herzens und Lebens eine Absage an ein passives Christentum, in dem Menschen dem Namen nach Teil der Kirche waren, aber nicht in ihrer täglichen Lebensführung. Wesley lehrte, dass Christsein bedeutet, ein von der kreuzgemäßen Liebe durchdrungenes, gegenkulturelles Leben zu führen. Das ist nicht einfach. Wir kämpfen gegen unsere eigene Selbstbezogenheit – unsere Sünde – und den Druck unserer Gesellschaft, deren Werte und Lebensweisen der Offenbarung Gottes im gekreuzigten Christus widersprechen. John Wesley bemerkte, dass Erweckungsprediger häufig mit großem Erfolg in einer Gegend evangelisierten. Wenn sie die Gegend aber verließen, kehrten die Menschen schnell zu ihren alten Lebensweisen zurück. Wesley reagierte auf das Problem, dass Menschen in ihrem neuen Leben nicht wuchsen und sogar scheiterten, indem er ein Netzwerk von Kleingruppen aus

Klassen und verschiedenen Gemeinschaftsgruppen entwickelte.

Theologie der Kleingruppen

Als treuer Anglikaner vergaß John Wesley nie, wie wichtig und wesentlich der gemeinsame Gottesdienst und das Gemeindeleben sind. Dennoch erkannte Wesley auch, dass für das Wachstum im christlichen Leben mehr vonnöten war als wöchentlicher Gottesdienst. Was Wesley zufolge fehlte, war eine vertraute, auf das tägliche Leben abzielende Verbindlichkeit. In kleinen Gruppen, so glaubte Wesley, würde authentisches christliches Leben und kontinuierliches geistliches Wachstum erfolgen. Obschon Wesleys Kleingruppen aus einer pragmatischen Reaktion auf besondere Situationen erwuchsen, spürte er, dass Kleingruppen die beste Methode waren, um wichtige theologische Anliegen anzugehen:

– Sünde verharrt in den Gläubigen, verzerrt unsere Motive und bringt uns ab von Gott und von anderen.
– Gottes Gnade befähigt uns, Sünde zu überwinden und ein Leben in Liebe zu Gott und zu anderen zu führen.
– Gottes Gnade wirkt für gewöhnlich durch Mittel, das heißt menschliche Aktivitäten, an denen wir teilnehmen.
– Uns in Gemeinschaft mit anderen Christen zu bringen ist einer der wichtigsten Wege für Gottes Wirken.
– Wir haben die Pflicht, unsere Geschwister in Christus zu lieben. Ein wichtiges Element dieser Liebe ist, deren

geistliches Wachstum durch Ermutigung und Ermahnung zu fördern.

– Das Christentum ist keine Einzelgängerreligion. Wie wir leben, hat Auswirkung auf das Leben unserer Geschwister in Christus und auf die Gesundheit und das Zeugnis der Kirche.

Wesleyanische Kleingruppen in der Praxis

Jede der Kleingruppen, die Wesley entwickelte – *Klassen, Banden* und *Auserwählte Gemeinschaften* –, hatte nach seiner Auffassung vom christlichen Leben spezielle Funktionen.

Klassen waren die Basis des frühen Methodismus und standen allen offen, die eine verwandelnde Beziehung zu Gott suchten. Sie waren geographisch organisiert und umfassten Frauen und Männer. Eine Klasse konnte sowohl von einem Mann als auch einer Frau geleitet werden. Die Treffen waren wöchentlich, und regelmäßige Teilnahme an einer Klasse war Bedingung für die Zugehörigkeit zur örtlichen methodistischen Gemeinschaft (Gemeinde).

Banden waren für jene, die eine neue Geburt erlebt hatten und in ihrer Erfahrung von Gottes verwandelndem Wirken wachsen wollten. In wesleyanischem Sprachgebrauch waren sie für diejenigen, »die sich der Vollkommenheit nahten«. Mit *Vollkommenheit* meinte Wesley eine weitergehende Erfahrung von Gottes verwandelndem Wirken, das ein vollkommen von der Liebe durchdrungenes und beherrschtes Leben zur Folge hatte. Banden waren hinsichtlich Geschlecht, Familienstand und Alter homogene Gruppen. In diesen Gruppen sollte ein höheres Maß an Vertrautheit und gegenseitiger, verletzlicher Offenheit erreicht werden.

Auserwählte Gemeinschaften waren für jene, die die christliche Vollkommenheit erfahren hatten und danach strebten, in ihrem Leben der Liebe weiter aufzublühen.

Trotz ihrer Unterschiede hatten diese Gruppen eine ähnliche Funktion: Sie sollten für Zusammenhalt in gegenseitiger Verantwortlichkeit und Unterstützung sorgen, der die Verwirklichung eines gegenkulturellen, von göttlicher Liebe durchdrungenen Lebensstils förderte. Auch wenn in den Gruppen gemeinsam gebetet und gesungen wurde, lag der Schwerpunkt darauf, einander über das geistliche Leben zu befragen. In den Klassen dienten die Allgemeinen Regeln dazu festzustellen, wie weit das Leben in der Liebe fortgeschritten war. Dennoch ging es in den Gruppen um viel mehr als um die Einhaltung von Regeln. Sie waren Orte, an denen Menschen in völligem Vertrauen ihre Kämpfe, Schwierigkeiten und Erfolge miteinander teilen konnten. Hier konnten Menschen Unterstützung erfahren, aber sie konnten auch in ihren anhaltenden Bemühungen, Gottes Liebe in der Welt zu verkörpern, herausgefordert werden. In einer oft feindseligen Umgebung waren diese Gruppen die Quelle der Stärke im Methodismus, indem sie geistliches Wachstum und praktisches christliches Leben förderten.

Es ist wichtig, zwei weitere Themen zu erwähnen. Ein wichtiger Teil der Klassenzusammenkünfte war die Sammlung von Geld, um Arme zu unterstützen. Dies

stellte einen praktischen Weg dar, Liebe in der Welt auszudrücken. In den auserwählten Gemeinschaften ging
man noch einen Schritt weiter – die Mitglieder wurden
ermutigt, eine Eigentumsgemeinschaft zu bilden, in der
sie dem Beispiel der frühen Kirche in Jerusalem folgten.
Gemeinschaft war nicht rein geistlich, sondern auch praktisch.

Kleingruppen – heute

Obwohl das Netzwerk von Kleingruppen im frühen Methodismus eine großartige Quelle der Stärke war, sind sie
in den meisten Teilen der methodistischen Kirchenfamilie
in Niedergang geraten und in einigen Fällen ganz ver-
schwunden. Einige Wissenschaftler führen den Rückgang
der methodistischen Bewegung auf das Verschwinden dieser Gruppen zurück. Manchmal sind sie durch andere Formen von Kleingruppen ersetzt worden, aber diese hatten
oft nicht die gegenseitige geistliche Verantwortung im
Blick. Eines der Zeichen der Erneuerung innerhalb der
Evangelisch-methodistischen Kirche in den letzten Jahren
war die Wiederentdeckung wesleyanischer Kleingruppen
zur verbindlichen Nachfolge.

Wenn Gemeinden der Evangelisch-methodistischen
Kirche Netzwerke von Gemeinschaften sein sollen, die
Gottes verwandelnde, kreuzgemäße Liebe verkörpern und
teilen, dann wird es nötig sein, eine Kultur gegenseitiger
Rechenschaft und Verantwortung zu entwickeln, die das
Wachstum in der Liebe Gottes pflegt und fördert. Die Ein-
führung solcher Gruppen wirft beachtliche Fragen auf. In

einigen gegenwärtigen Kontexten scheinen manche der Methoden Wesleys ein unerwünschtes Eindringen ins menschliche Privatleben darzustellen. Die moderne Kultur in den Vereinigten Staaten und in Westeuropa ist höchst individualistisch, persönlich und privat. Viele Menschen heute empfinden, dass ihre Beziehung zu Gott niemand anderen etwas angeht. Rechenschaft ablegen hat für viele Christen wenig Anziehungskraft oder Wert, und es gibt auch einigen Argwohn in Bezug auf die Integrität von Rechenschaftsprozessen. Obgleich Gruppen, in denen man sich gegenseitig Rechenschaft ablegt, ein Ort des Wachstums sein können, können sie auch manipulativ, unterdrückerisch, sektiererisch und nötigend werden. Es ist nötig, Arbeitsweisen für Gruppen zu entwickeln, die das Gedeihen des Lebens und eine verantwortliche Lebensführung fördern. Es gilt, eine Vielfalt an Wegen zu eröffnen, in der sich die kreuzgemäße Liebe verkörpern kann, wobei echte Gewissensfreiheit zugelassen sein muss. Im besten Fall können solche Gruppen für ihre Mitglieder ein Ort sein, an dem sie sich gegenseitig verantwortlich sind, sie einander unterstützen und gemeinsam herausfinden, was die Liebe zu Gott und den Nächsten gebietet.

Fazit

Die Aufgabe, zu einer von kreuzgemäßer Liebe durchdrungenen Gemeinschaft zu werden, ist immens groß. Einigen könnte sie unmöglich erscheinen. Dennoch müssen christliche Gemeinschaften Alternativen bieten in einer zunehmend säkularisierten Umgebung, bei der alle Formen der Rede von Gott mit Argwohn betrachtet werden – besonders, wenn sie mit organisierter Religion in Verbindung gebracht werden. Ohne ein solches Zeugnis der Liebe klingen unsere Worte hohl, und unsere Mission wird scheitern. Die drei in diesem Kapitel diskutierten Dimensionen der Kirche bieten einige Schlüsselerkenntnisse, wie wir solche Gemeinschaften pflegen können. Diese sind: (1) eine christliche Gemeinschaft sein, die durch unsere Feier des Abendmahls definiert wird, (2) einem gegenkulturellen Zeugnis der Inklusion und Gnade verpflichtet sein und (3) sich in Kleingruppen verbinden, um sich gegenseitig Rechenschaft zu geben und einander zu unterstützen. Diese Dimensionen fordern uns heraus, im jeweiligen Kontext herauszufinden, was es heißt, eine Gemeinschaft göttlicher Liebe zu sein. Wir können das verkörpern, indem wir zu Gemeinschaften gegenseitiger Verantwortung und Rechenschaft werden.

Anregungen zum Gespräch

Sprechen Sie über Wesleys Anregung, das Abendmahl – offen für alle, die Christus begegnen wollen – ins Zentrum der Kirche zu stellen.

Beschreiben Sie die Erlebnisse, die Sie in Verbindung mit dem Abendmahl gemacht haben und in denen Sie etwas von der verwandelnden Kraft der Liebe Gottes erfuhren.

Was bedeutet es, »kreuzgemäß« zu leben, den Gekreuzigten zu vergegenwärtigen und Liebe zu praktizieren, die dem Kreuzesgeschehen entspricht?

Wo ist in unserem Kontext gegenkulturelles Handeln nötig, und wie können wir es praktizieren?

Welche Rolle spielen Kleingruppen für das geistliche Leben und das Einüben eines gegenkulturellen Lebensstils in Ihrer Gemeinde?

Wie halten wir es mit gegenseitiger Rechenschaft über unser Glaubensleben und unseren Lebensstil?

6

Die Kirche – eine grenzüberschreitende Gemeinschaft

In den vorhergehenden beiden Kapiteln haben wir einige Merkmale der Kirche erkundet, die aus unserem methodistischen Erbe entstanden. In diesem Kapitel werden wir uns drei weitere ansehen: die Kirche als eine Gemeinschaft am Rande, die Kirche als eine verbindende Gemeinschaft und die Kirche als eine transnationale Gemeinschaft.

Gemeinschaft am Rande

Kapitel 5 stellte die These auf, dass es ein typisches Merkmal der Kirche ist, eine gegenkulturelle Gemeinschaft zu sein, deren Identität auf dem Bekenntnis gründet, dass Jesus Christus der Herr ist, der seine Nachfolgerinnen zu einem Leben in kreuzgemäßer Liebe in der Welt aufruft. In diesem Abschnitt werden wir gründlicher erforschen, was es heißt, eine gegenkulturelle Gemeinschaft zu sein. Dazu untersuchen wir die Beziehung zwischen der Kirche als dem Leib des Gekreuzigten und den Menschen, die von unserer Gesellschaft abgelehnt, im Stich gelassen, ausgeschlossen und ausgebeutet werden.

Wo auch immer wir leben, gibt es Menschen, die Entbehrung, Ausgrenzung und Ausbeutung erfahren – Menschen, die am Rande unserer Gesellschaften und sogar unserer Gemeinden leben. Das Leben am Rande kann Ergebnis zahlreicher wirtschaftlicher, kultureller, politischer und sogar religiöser Faktoren sein. Menschen in der Mitte der Gesellschaft oder einer bestimmten Gemeinschaft nehmen sich vielleicht kaum die Zeit, über diejenigen nachzudenken, die an den Rändern sind, für die das Leben ein täglicher Kampf oder eine Quelle der Scham und der Entwürdigung sein kann. Die Kirche jedoch ist dazu berufen, die Liebe Christi zu allen zu verkörpern, besonders zu jenen, die in unserer Welt am verwundbarsten sind.

> **Die Kirche ist dazu berufen, die Liebe Christi zu allen zu verkörpern, besonders zu jenen, die in unserer Welt am verwundbarsten sind.**

Einsichten Wesleys

Methodisten preisen oft Wesleys Erfahrung von Aldersgate als das entscheidende Ereignis in der Entstehung des Methodismus, als er spürte, wie es ihm »sonderbar warm« ums Herz wurde und er Gewissheit gewann: »Für mein Heil und die Vergebung meiner Sünden kann ich wirklich allein auf Christus vertrauen.« Eine möglicherweise ebenso wichtige Begebenheit ereignete sich jedoch ein Jahr später, als Wesley – auf Einladung von George Whitefield – damit begann, im Freien zu verarmten Arbeitern auf einem Hinterhof in Bristol zu predigen. In seinem Tagebuch beschreibt er das so:

Um vier Uhr am Nachmittag fügte ich mich ins »Abseits der Schande« und verkündete die frohe Botschaft der Rettung […] auf einem Grundstück, das an die Stadt angrenzte […]. Die Schriftstelle, über die ich sprach, war folgende (ist es möglich, dass jemand nicht wissen sollte, dass dies in jedem wahren Diener Christi erfüllt ist?): »Der Geist des Herrn ist auf mir, weil er mich gesalbt hat und gesandt, zu verkündigen das Evangelium den Armen, zu predigen den Gefangenen, dass sie frei sein sollen, und den Blinden, dass sie sehen sollen, und die Zerschlagenen zu entlassen in die Freiheit und zu verkündigen das Gnadenjahr des Herrn.«[45]

Der Einsatz für die armen und verachteten Mitglieder der Gesellschaft war Teil von Wesleys Leben und Wirken seit seiner Studentenzeit in Oxford, wo er für Hungernde sorgte, Gefangene besuchte, arme Kinder unterrichtete und andere Werke der Barmherzigkeit ausübte. Dennoch markiert die Bewegung auf die Felder außerhalb der Stadt eine Richtungsänderung: Es ging darum, die »anständige Gesellschaft« zu verlassen und sich mit jenen zu identifizieren, die er an anderer Stelle als die »Verstoßenen der Menschheit« bezeichnet hat. Die Botschaft der beiden Wesley-Brüder John und Charles wurde von denen gut aufgenommen, die von der »anständigen Gesellschaft« ausgeschlossen, ausgebeutet und abgelehnt wurden. Viel später in seinem Leben machte sich John Wesley die Sache der versklavten Afrikaner zu eigen, deren Leid die Grundlage des britischen Wirtschaftswachstums und eine wichtige Quelle des Wohlstands der Stadt Bristol war, die zu einem wichtigen Zentrum des Methodismus geworden war. Dennoch war das für Wesley nicht einfach Wohltätigkeit den Armen gegenüber, sondern ein Lebensstil der Solidarität mit Armen und Ausgeschlossenen und zu ihren Gunsten. Er machte sich einen bescheidenen Lebensstil zu eigen und ging so weit, im Namen der Armen zu betteln. Wenn er in London war, aß er mit den Armen, die von den Methodisten verpflegt wurden. Er besuchte Arme, Kranke und Gefangene und setzte dabei sogar die eigene Gesundheit und sein Wohlergehen aufs Spiel. Mehr noch – er wies die frühen Methodisten an, einen ähnlichen Lebensstil zu pflegen. Dieser Fokus auf die Armen und die willkommene Aufnahme, die Wesley bei den Armen fand, trugen zum Widerstand bei, dem er innerhalb und außerhalb der Kirche begegnete. Es ist besonders interessant, wie er das mit den zentralen Themen seiner Botschaft verband.

In den Allgemeinen Regeln ruft er die Methodisten unter dem Thema »Gutes tun« dazu auf, »täglich ihr Kreuz auf sich [zu] nehmen und willig [zu sein], die Schmach Christi zu tragen und als Abschaum und Auswurf der Leute geachtet zu werden, nichts anderes erwartend, als dass die Leute ihnen grundlos und um des Herrn willen Böses aller Art nachreden werden«[46]. An einer Reihe von Stellen beschreibt er das christliche Leben auf ähnliche Weise. Der Ausdruck »Abschaum und Auswurf der Leute« stammt aus dem 1. Korintherbrief 4,13 (King-James-Bibel), was Luther mit »Abschaum der Menschheit« und »jedermanns Kehricht« übersetzt. Für Wesley brachte es die Nachfolge Christi mit sich, einen Weg in Richtung Ablehnung und Ausgrenzung einzuschlagen; das hieß, sich an die Ränder der Gesellschaft zu begeben.

Wesley glaubte, wenn die Kirche der Versuchung erliege, sich zu den Zentren von Macht und Reichtum in der Gesellschaft zu begeben, würde das Verderbtheit und Untergang nach sich ziehen. Wir können das in seiner Predigt über *Das Geheimnis der Gesetzlosigkeit* sehen, in der er erklärte:

> Verfolgung hat der echten Christenheit nie eine bleibende Wunde zugefügt – nie zufügen können. Aber die schwerste [Wunde], die ihr jemals zugefügt wurde, entstand durch den gewaltigen Schlag, der sie wirklich an ihrer Wurzel traf, an jener demütigen, sanften, langmütigen Liebe, die das christliche Gesetz erfüllt, dem innersten Wesen wahrer Religion. Er wurde ihr im 4. Jahrhundert durch Konstantin den Großen zugefügt, als er sich selbst einen Christen nannte und eine Flut von Reichtümern, Ehrungen und Macht über die Christen, vor allem über die Geistlichkeit, goss.[47]

Grundlegend dafür, das eigene Kreuz auf sich zu nehmen – oder, um die anderen Lieblingsworte Wesleys zu verwenden: die Gesinnung Christi zu haben und zu wandeln wie er –, ist ein Lebensstil des Dienstes an den Ausgegrenzten und Verworfenen und des Einsatzes in ihrem Auftrag. Charles Wesley drückte dies in einem Gedicht aus:

> Die Armen Freunde Jesu sind,
> Den Armen er mit Sorge dient;
> Deshalb ist uns ans Herz gelegt,
> Dass uns ihr Schicksal auch bewegt;

Den Armen soll'n wir ernsthaft dienen,
So wird auch uns das Glück beschieden;
Um Jesu willen angetrieben,
Mit seiner Liebe sie zu lieben.[48]

John Wesley führte in etlichen seiner Schriften ausdrück-
lich aus, dass das Leben der Heiligung von denen, die
Christus nachfolgten, verlange, unter den Armen, den
Leidenden, den Ungebildeten, den Witwen und den Waisen zu sein. In einem mehrfachen Briefwechsel mit
Miss J. C. March, einer gebildeten und wohlhabenden
Frau, drängte er diese, die Armen zu besuchen. In einem
Brief vom Februar 1776 schrieb er: »Schleichen Sie sich
unter sie trotz Drecks und hundert abstoßender Umstände und legen Sie so die Dame ab! Beschränken Sie
Ihren Umgang nicht auf vornehme und elegante Menschen!«[49] Im Lichte dessen können wir behaupten, dass
der Dienst an und mit Menschen, die von der Gesellschaft
diskriminiert, ausgegrenzt, ausgebeutet und unterdrückt
werden, ein charakteristisches Merkmal methodistischer
Identität ist.

Jesus an den Rändern

Wir haben festgestellt, dass für John und Charles Wesley
der Einsatz für abgelehnte, benachteiligte und ausge-
grenzte Menschen ein Aspekt dessen war, was es heißt, die
Gesinnung Christus zu haben und zu wandeln wie er. Die
Einsichten der Wesley-Brüder lassen sich mit einem Blick
auf Jesu Leben vertiefen.

Die Erzählungen von Jesu Geburt verorteten ihn unter den Ausgegrenzten und an den Rand Gedrängten. Er wurde von einer unverheirateten jungen Frau geboren, und daher wurde er seit Marias Schwangerschaft mit den sozial Unerwünschten identifiziert. Lukas beschreibt, wie Jesu Eltern zu einer für eine schwangere Frau völlig unpassenden und unerwünschten Zeit zum Reisen gezwungen werden – im Gehorsam gegenüber dem Erlass eines fremden Kaisers. Es gab kein Gastzimmer für seine Eltern, als sie in Bethlehem ankamen, und seine ersten Besucher waren Hirten, die auch am Rande der Gesellschaft lebten. Im Bericht des Matthäus wird Jesus nicht nur von einer unverheirateten Frau empfangen, sondern ist auch der Nachkomme von Frauen mit zweifelhaftem Ruf. Er und seine Eltern werden Flüchtlinge in Ägypten, die vor einem tyrannischen Herrscher fliehen. Er wird zu einem heimatlosen Prediger, ohne irgendeinen Ort für sich selbst; die Menschen seiner eigenen Stadt lehnen ihn ab, und er ruft seine Anhänger dazu auf, alles zu verlassen und sich ihm auf der Straße anzuschließen. Er freundet sich mit den Außenseitern an, heilt die Kranken, berührt die Unberührbaren, speist die Hungrigen und stellt sich dem anerkannten religiösen Establishment entgegen. Sein Leben der Solidarität mit den Abgelehnten und Benachteiligten und des Einsatzes in ihrem Namen wurde vollendet, als er von den Führern seines Volkes verworfen, der Besatzungsmacht übergeben, dem Tod für Ausgestoßene überantwortet und durch die Kreuzigung außerhalb der Stadt neben zwei Kriminellen symbolisch aus Israel ausgeschlossen wurde.

Die Nachfolge Jesu ist eine Aufforderung, unsere Komfortzonen zu verlassen und uns ihm außerhalb der Stadttore an den Orten der Erniedrigung und Enteignung anzuschließen – seien sie materiell, sozial, kulturell oder religiös –, um Gottes Liebe zu den Ausgeschlossenen zu verkörpern

Wie die Wesleys richtig erkannten, ist die Nachfolge Jesu eine Aufforderung, unsere Komfortzonen zu verlassen und uns ihm außerhalb der Stadttore an den Orten der Erniedrigung und Enteignung anzuschließen – seien sie materiell, sozial, kulturell oder religiös –, um Gottes Liebe zu den Ausgeschlossenen zu verkörpern.

Methodisten an den Rändern

Die internationale Kommission für diakonische und gesellschaftspolitische Verantwortung (General Board of Church and Society) der Evangelisch-methodistischen Kirche hat ihre Büros im Methodist Building auf dem Capitol Hill in Washington DC, direkt gegenüber dem Obersten Gerichtshof. Dieses Gebäude verortet die Evangelisch-methodistische Kirche symbolisch im Zentrum politischer und staatlicher Macht, in der Absicht, die Mächtigen um der Ausgegrenzten willen zu beeinflussen. Dies veranschaulicht den Widerspruch, in dem sich viele Christen befinden. Sie wollen die Gesellschaft verändern, erkennen dabei allerdings, dass es manchmal nötig ist, die Mächtigen dafür einzuschalten und möglicherweise die Waffen der Mächtigen zu gebrauchen. Die internationale Kommission engagiert sich in zahlreichen Kampagnen, um Senatoren und Kongressmitglieder zu beeinflussen und zu überzeugen, sich bestimmte politische Linien zu eigen zu machen oder bestimmte Gesetze abzulehnen. Ähnlich funktioniert das bei vielen weltlichen Lobbygruppen. Ich kritisiere nicht die Arbeit der internationalen Kommission, sondern weise auf die damit verbundene Schwierigkeit hin. Auch Wesley nahm zur Unterstützung seiner Kampagne zur Abschaffung der Sklaverei die politischen Prozesse seiner Zeit in Anspruch. Er schrieb nicht nur eine vernichtende Kritik der Sklaverei, sondern hielt die Methodisten auch dazu an, eine Petition ans Parlament zu unterzeichnen, die ein Ende des Sklavenhandels forderte. Jedoch darf solcher Einsatz niemals dem Streben nach Macht und Einfluss für die Kirche dienen. Es muss immer Handeln sein, das durch die Liebe zu Gott veranlasst ist und verwurzelt in einem Leben der Solidarität mit jenen am Rande. Die Kirche kann sich nur dann redlich an der Veränderung der Gesellschaft beteiligen, wenn sie willens ist, Christus aus den Stadttoren hinaus zu folgen. Da die westlichen Gesellschaften immer säkularer werden, werden die Kirchen viel von ihrem sozialen Einfluss verlieren, den sie hatten. Das sollte nicht als Bedrohung angesehen werden, sondern als Herausforderung, wieder zu entdecken, was es heißt, dem Gekreuzigten nachzufolgen; und als eine neue Gelegenheit, sich auf den Dienst an jenen, für jene und im Namen jener einzulassen, die ausgebeutet, ausgegrenzt, benachteiligt und abgelehnt werden.

Es ist auch wichtig zu erwähnen, dass das Aussprechen der Wahrheit in den nationalen Zentren von Politik und

Macht nicht die einzige Möglichkeit ist, sich auf die Solidarität mit jenen am Rande zu verpflichten. Obwohl große Kampagnen wichtig sind, ist es nicht weniger wichtig, sich an die Seite der Armen, Schikanierten, Unterdrückten und Ausgegrenzten in jeder Gemeinschaft zu stellen. Gemeinsam können wir in großem Maßstab erstaunliche Dinge vollbringen, aber auch lokal können wir viel erreichen.

> Obwohl Kampagnen wichtig sind, ist es nicht weniger wichtig, sich an die Seite der Armen, Schikanierten, Unterdrückten und Ausgegrenzten in jeder Gemeinschaft zu stellen.

Unser internationales Missions- und Hilfswerk (General Board of Global Ministries) fördert, befähigt und stärkt die Evangelisch-methodistische Kirche im Kleinen und im Großen, um eine verwandelnde Kraft in der Welt zu sein für diejenigen in der größten Not. Unsere internationale Katastrophenhilfe (United Methodist Committee on Relief) ist weltweit geachtet für ihre Hilfsaktionen, ihren Einfluss auf Bildung und für praktische Taten der Barmherzigkeit, die auf der ganzen Welt erbracht werden. In ganz Europa nehmen sich Methodisten sozial benachteiligter und ausgebeuteter Menschen an: zum Beispiel der Roma in Ungarn oder Tschechien und bis in die weiten Gebiete Osteuropas. Auch von Afrika über die Philippinen bis nach Mexiko und Puerto Rico begegnen wir in Zeiten besonderer Not jenen, die verwundbar sind in unserer Mitte. Von Tag zu Tag verändert die Evangelisch-methodistische Kirche etwas zum Guten für Arme, Hungernde, Heimatlose, Behinderte und für jene, die sich körperli-

chen, geistigen und emotionalen Problemen gegenüber
sehen. In unserer eigenen lokalen Umgebung gibt es zahlreiche Tafelläden, Secondhandläden, Suppenküchen, Ob-
dachlosenprojekte und Freiwilligeneinsätze. Das und vieles mehr sind für Methodisten Möglichkeiten, nach einer
Kirche zu streben, die in jedem Land und auf jedem Kontinent Gottes Liebe zu denen an den Rändern bringt.

Eine verbindende Gemeinschaft

Konnexionalismus ist der Begriff, der verwendet wird, um
die typisch methodistische Art zu beschreiben, die Kirche
zu strukturieren. In den verschiedenen methodistischen
Kirchen rund um die Welt nimmt er unterschiedliche Formen an, aber es gibt dennoch einige gemeinsame Merkmale. Kapitel 3 hat die Strukturen der Kirche als das Gerüst beschrieben, das den Bau der Kirche ermöglicht, die
als eine Gemeinschaft die göttliche Liebe verkörpert. Die
Form des Gerüstes ist nicht unwichtig; sie zeigt, wie die
Gemeinschaft sich selbst versteht, und sie gibt die Richtung dafür vor, wie die Gemeinschaft wächst und sich entwickelt. Während sich viele der spezifischen Merkmale
des Konnexionalismus als pragmatische Antwort auf bestimmte missionarische und seelsorgerische Bedürfnisse
entwickelten, drücken die allgemeinen Merkmale wesentliche Aspekte des methodistischen Kirchenverständnisses
aus.

Das Wort *Konnexio* (lat. Verbindung) war ursprünglich nicht ein speziell methodistischer Ausdruck. Damit wurde eine Gruppe von Menschen beschrieben, die miteinander verbunden oder vereint waren, sowie die Beziehung, die sie miteinander verband. Als die christliche Erweckung des achtzehnten Jahrhunderts begann, wurde der Begriff in Zusammenhang mit dem Wirken bestimmter Führungspersönlichkeiten gebracht – vor allem John Wesley, George Whitefield, Howell Harris und die Gräfin von Huntingdon. Um jede dieser Führungspersonen versammelten sich Gruppen von Menschen, die deren Leitung anerkannten. Diese Gruppen waren in Konnexio mit der jeweiligen Führungsperson. So gab es beispielsweise Mr. Wesleys Konnexio oder die der Gräfin von Huntingdon.

Der frühe Methodismus begann als Gruppe von Menschen »in Konnexio« mit John Wesley, und weil sie mit ihm »in Konnexio«, also »in Verbindung« waren, waren sie auch »in Konnexio« miteinander. Es gab »gewöhnliche« Mitglieder, die sich in unterschiedlichen Gruppen sammelten, sowie die Gruppe der Reiseprediger. Mit der Zeit entwickelten sich Strukturen, die die Gruppen untereinander verbanden. Vielleicht war das wichtigste Strukturelement Wesleys Einführung einer jährlichen Konferenz, um über die Mission der Konnexio zu sprechen und diese zu planen. Wesley betrachtete die Konferenz als beratende Körperschaft, wobei er sich die letztgültige Weisungsbefugnis vorbehielt. Aus der Konferenz entwickelten sich grundlegende Regeln zu Sachverhalten wie die

Organisation der Gesellschaften, zur Theologie, die gelehrt werden sollte, zur Rolle unterschiedlicher Leitungspersonen in der Bewegung sowie zu Verhaltensstandards, die von den Predigern erwartet wurden. Weitere Verbindungselemente kamen hinzu wie Sammlungen von Kirchenliedern, Wesleys Predigten und andere Schriften, ein Spendensammelsystem und eine monatliche Zeitschrift. Zusammen mit dem System reisender Prediger und Wesleys eigenen Predigttouren schuf dies eine eng verflochtene Bewegung in einem Kontext, in dem im religiösen und politischen Gefüge Zusammenhalt und starke Strukturen einer Zentralgewalt fehlten. In Amerika fand der Konnexionalismus neue Wege, da der Methodismus auf die missionarischen Herausforderungen großer Entfernungen und des sich ausdehnenden Gebiets reagierte. Nach Wesleys Tod wurde in Amerika und Großbritannien die Konferenz zum Zentrum von Einheit und Autorität. Als Reaktion auf neue Herausforderungen hat sich der Konnexionalismus immer weiterentwickelt.

Schlüsselmerkmale des Konnexionalismus

Konnexionalismus lässt sich am besten als ein komplexes System zusammenwirkender Netzwerke beschreiben. Sie unterstützen sich gegenseitig, sind füreinander verantwortlich, unterliegen der gegenseitigen Rechenschaftspflicht und sollen sich gegenseitig in ihren Entscheidungen dahingehend helfen, biblische Heiligung zu fördern. Außerdem unterstehen sie der Aufsicht durch das Superintendentenamt. Indem wir an zuvor schon Erörtertes an-

knüpfen, können wir festhalten, dass der Konnexionalismus drei Komponenten umfasst: Erstens steht Mission mit ganzheitlicher Evangelisation im Zentrum.
Zweitens geht es darum, für einen Kontext gegenseitiger
Unterstützung und Verantwortung zu sorgen, in welchem
die Mitglieder in verwandelnder Liebe zu Gott wachsen
können oder, wie es in traditioneller Sprache heißt, in
Gnade und Heiligung. Drittens soll gemeinschaftliches
Leben ermöglicht werden, das göttliche Liebe verkörpert.
Es gibt einige weitere Schlüsselmerkmale des Konnexionalismus, die für unser Kirchenverständnis wesentlich
sind.

Das Dienstzuweisungssystem – Pastoren und Pastorin-
nen werden für eine begrenzte Zeitspanne in einen bestimmten Gemeindebezirk geschickt, um dort Dienst zu
tun; sie können dann in einen anderen Bezirk versetzt werden. In der Evangelisch-methodistischen Kirche ist es Aufgabe des Bischofs oder der Bischöfin, die Dienstzuweisung
von Pastoren auszusprechen und sie damit an ihren
Wirkungsort zu senden. Andere methodistische Kirchen
haben andere Strukturen. Das Dienstzuweisungssystem
hat seine Wurzeln in der Geschichte der Reiseprediger,
die bestimmten Gebieten zugeteilt wurden, um örtliche
methodistische Gruppen anzuleiten. Es gab ganz unterschiedliche Gründe für diese Gepflogenheit, aber der wichtigste von ihnen war, einen Bund von Predigern zu schaffen, die in den Gruppen Dienst taten und sich gleichzeitig
einen Grad der Unabhängigkeit von ihnen bewahrten, sodass sie innovative Mission betreiben konnten. Dies stand
im Gegensatz zu den sogenannten »lokalisierten« Predi-

gern, die in einer bestimmten Gemeinde ansässig waren und oft einer weiteren Beschäftigung nachgingen. Im gegenwärtigen Kontext hat sich vieles verändert. Die meisten ordinierten Pastoren üben ihren Dienst für bestimmte Gemeinden aus und bleiben für eine beträchtliche Zeitspanne am selben Ort, besonders wenn es sich um eine größere Gemeinde handelt. Oft gibt es erhebliche Fragen, ob das Dienstzuweisungssystem noch praktikabel ist und ob seine Umsetzung für die Gegebenheiten in der modernen westlichen Welt hilfreich ist. Hier ist nicht der Ort, um diese Fragen zu diskutieren. Wichtig ist, wie wir den Geist der Mission zurückerlangen, der die frühen Reiseprediger beflügelte, und wie der Methodismus am besten für Mission strukturiert werden kann, wobei uns bewusst sein muss, dass die Evangelisch-methodistische Kirche in vielen sehr unterschiedlichen Kontexten tätig ist.

Konferenz – Die Evangelisch-methodistische Kirche hat ein komplexes, zusammenhängendes Konferenzsystem. Alle Ordinierten im pastoralen Dienst sind Mitglieder einer Jährlichen Konferenz und nicht der örtlichen Gemeinde, in der sie Dienst tun. Auch jede örtliche Gemeinde (genauer: jeder Bezirk) entsendet Personen als Laienmitglieder zu den Sitzungen der Jährlichen Konferenz. Diese Jährlichen Konferenzen sind die grundlegenden Körperschaften der Evangelisch-methodistischen Kirche.[50] Die Jährlichen Konferenzen wiederum wählen aus den pastoralen Mitgliedern und aus den Laienmitgliedern Delegierte an die alle vier Jahre tagenden Jurisdiktionalkonferenzen (in den USA) oder Zentralkonferenzen (außerhalb den USA) sowie an die Generalkonferenz. Dieses

System des Konferierens besagt zwei wichtige Dinge hinsichtlich dessen, wie wir die Kirche verstehen. Erstens verkörpert die örtliche Gemeinde zwar den Leib Christi, ist aber nur Teil eines größeren Ganzen, das von der Konferenz repräsentiert wird, die wiederum die größere Konfessionsgemeinschaft repräsentiert. Dennoch existiert die Konferenz nur als Netzwerk örtlicher Gemeinden und der Ordinierten im pastoralen Dienst. So hat die lokale Gemeinde eine eigene Verantwortung und kann unter Berücksichtigung der Mission und des Lebens der Kirche Entscheidungen treffen. Aber es gibt darüber hinaus die Notwendigkeit einer übergeordneten Verantwortung und Entscheidungsfindung. Das zweite Merkmal ist die Erkenntnis, dass Entscheidungsfindung in der Kirche das Ergebnis von Dialog und Diskussion unter Laien und Ordinierten sein sollte, womit die Kirche als Gemeinschaft aller die Führung des Heiligen Geistes zu erkennen sucht. Leider ist diese Art der Entscheidungsfindung in allzu vielen unserer gegenwärtigen Konferenzen zu politischem Taktieren und zum Überstimmen von Minderheiten durch die Mehrheit verkommen.

Amt der Aufsicht – Konnexionalismus ist auch ein Netzwerk von Rechenschafts- und Aufsichtsbeziehungen. Das Amt der Aufsicht, ausgeübt durch Bischöfe und Superintendentinnen, unterstützt das Wachstum in der Heiligung in der ganzen Kirche, beaufsichtigt den pastoralen und gemeindlichen Dienst und gewährleistet die Bindung an die Mission der Kirche. Bischöfe haben zahlreiche Aufgaben, aber zwei sind wesentlich für die Ausübung der Aufsicht. Die erste ist die Leitung der Mission, die sich vornehmlich, aber nicht ausschließlich in der Entsendung von Ordinierten zum pastoralen Dienst in ihre jeweiligen Gemeindebezirke ausdrückt. Bischöfe ernennen die geistliche Leitung, um Gemeinden, Bezirke und Werke der Kirche zu befähigen, die Mission der Kirche effektiv zu erfüllen, »Menschen zu Jüngern und Jüngerinnen Jesu Christi zu machen, um so die Welt zu verändern«[51]. Dies ist eine entscheidende Arbeit und von unglaublicher Bedeutung und Wirkung, wenn es um die Erfüllung des Auftrags der Kirche geht. Die zweite Aufgabe ist die spezifische Funktion allgemeiner Aufsicht über die gesamte, weltweite Kirche. Methodistische Bischöfe werden von ihren Jurisdiktional- oder Zentralkonferenzen gewählt und einem Bischofsgebiet zugeteilt. Gleichzeitig hat der Bischofsrat eine kollegiale allgemeine Aufsicht über die ganze Kirche inne. Daher ist ein wichtiger Teil ihrer bischöflichen Berufung, die Einheit und Mission der ganzen Kirche zu unterstützen und nicht nur ihr Bischofsgebiet zu leiten.

Das sind nicht die einzigen Aspekte von Konnexionalismus. Innerhalb der Evangelisch-methodistischen Kirche gibt es zahlreiche international tätige Kommissionen und Werke, die dazu beauftragt sind, besondere Aufgaben wahrzunehmen, um die Mission der Kirche voranzubringen. Die *Verfassung, Lehre und Ordnung der Evangelisch-methodistischen Kirche* liefert detaillierte Bestimmungen und Ordnungen für das Leben der Kirche. Historisch betrachtet diente der Konnexionalismus jenseits der administrativen und rechtlichen Aspekte unserer Konfessionsgemeinschaft insbesondere als flexibles, pragmatisches und innovatives Struktursystem, das örtliche methodistische Gemeinden im Dienste von Mission, Wachstum in der Heiligung und Gemeinschaftsbildung miteinander verband. Im Laufe der Zeit sind viele dieser Strukturen weniger effektiv geworden, einige sind überholt und viele sind so erstarrt, dass sie die Mission der Kirche eher erschweren. Die große Herausforderung für unsere Kirche heute ist es, den Konnexionalismus neu zu erfinden, dass aus dem Besten unseres Erbes gerade das gehoben wird, was dynamische Mission in unterschiedlichsten Situationen motiviert, stärkt und unterstützt.

Eine transnationale Gemeinschaft

Als sich die Spannungen zwischen der 1784 in Amerika gegründeten Bischöflichen Methodistenkirche und der methodistischen Bewegung in Großbritannien vertieften, beteuerte John Wesley, dass »die Methodisten in der ganzen Welt ein Volk sind«[52]. Obwohl dies vonseiten Wesleys ein erfolgloser Versuch gewesen sein mag, seine Autorität über den amerikanischen Methodismus zu behaupten, war es für den Methodismus auch eine Vision der Einheit, eine Vision internationaler Konnexio, die Menschen in verschiedenen Ländern und auf verschiedenen Kontinenten in einer gemeinsamen Bewegung verband. Alle wussten sich darauf verpflichtet, biblische Heiligung auf der ganzen Welt zu verbreiten. Wiewohl Einheit bis heute schwer zu fassen ist und unterschiedlich verstanden wird, lebt Wesleys Vision fort, da die Evangelisch-methodistische Kirche in transnationaler Konnexio – mit Kirchen in den USA, in Europa, Afrika und Asien, und dort besonders auf den Philippinen – tatsächlich zueinanderzufinden sucht. Dieser Abschnitt untersucht, was es bedeutet, transnationale Kirche zu sein.

Die Erfahrungen von Gliedern der Evangelisch-methodistischen Kirche mit ihrer Kirche als einer transnationalen, weltweiten Konfessionsgemeinschaft weichen beträchtlich voneinander ab. Für manche in den USA wird dies großenteils durch Missionsreisen und Partnerschaften mit Gemeinden an anderen Orten auf der ganzen Welt erfahrbar. Für andere mag diese Dimension der Kirche in ihrer persönlichen Erfahrung überhaupt keine Rolle spielen. Vielen Gemeinden ist es weniger wichtig, evangelisch-methodistisch zu sein. Ihnen ist »christlich« zu sein wichtiger. Ein Bewusstsein für unser missionarisches konnexionales Zeugnis ist fast nicht vorhanden. Viele Menschen in der Evangelisch-methodistischen Kirche wissen um die Auseinandersetzungen zur Frage um Inklusion und Akzeptanz von Menschen, die nicht heterosexuell sind. Es sind viele, die sich an den Diskussionen beteiligen, sowohl innerhalb als auch außerhalb der Vereinigten Staaten. Jede Tagung unserer Generalkonferenz fordert uns heraus, redliche und kreative Wege zu finden, um Einheit und weltweite Gemeinschaft im Angesicht grundlegender biblischer, theologischer, moralischer, ethischer und kultureller Differenzen zu bewahren. Für viele außerhalb den USA, besonders für die kleinen methodistischen Kirchen in Europa, ist es ein wichtiger Aspekt un-

> **Es ist herausfordernd, mit denen verbunden zu bleiben, die Glauben auf radikal andere Weise leben.**

serer Identität, Teil einer transnationalen Konfessionsgemeinschaft zu sein. Für andere wiederum ist es herausfordernd, mit solchen verbunden zu bleiben, die den Glauben auf radikal andere Weise leben.

Eine biblische Betrachtung: Der Brief an die Kolosser

Der Brief des Paulus an die Kolosser bietet einen interessanten Blickwinkel, um über den transnationalen Charakter von Kirche nachzudenken. Besonders interessant an diesem Brief ist die Art, wie er von der Sprache kaiserlicher römischer Propaganda Gebrauch macht, sie auf den Kopf stellt und auf die Kirche anwendet. Die Ironie wird dadurch betont, dass Paulus diesen Brief aus einem römischen Gefängnis schreibt. In der römischen Propaganda hatte das Römische Weltreich unter Führung der Cäsaren barbarische Feinde bezwungen und den Frieden begründet. Siegreichen Feldherren wurde das Privileg eines Triumphzuges gewährt, einer Militärparade durch die Straßen Roms, bei der die in der Eroberung errungenen Schätze und die geschlagenen Feinde zur Schau gestellt wurden. Durch diese Siege wurde das Imperium erweitert, um die unterworfenen Völker in die Sphäre der römischen Zivilisation, der römischen Ordnung und des römischen Friedens einzubeziehen.

Im Kolosserbrief wird Christi rettendes Wirken als Sieg über Mächte und Gewalten beschrieben, der zu einer öffentlichen Zurschaustellung dieses Triumphes führt, was kosmische Versöhnung und Frieden zur Folge hat. Im Gegensatz zum imperialen Ansatz wurde dieser Sieg nicht durch Krieg und gewalttätige Eroberung errungen, sondern durch einen erniedrigenden Tod an einem Kreuz. Die erste Frucht des kosmischen Friedens findet sich in der Gemeinschaft von Menschen, die miteinander eins sind, weil sie mit Christus eins sind und an seinem Tod und seiner Auferstehung teilhaben. Es ist eine Gemeinschaft, in der »nicht mehr Grieche oder Jude, Beschnittener oder Unbeschnittener, Nichtgrieche, Skythe, Sklave, Freier, sondern alles und in allen Christus« (Kolosser 3,11) ist. Die römische Propaganda stellte das Kaiserreich als eine Vielvölkergesellschaft unter der gütigen, zivilisierenden Herrschaft Roms dar. Die Kennzeichnung des gekreuzigten Christus als das Haupt aller Mächte und Gewalten untergräbt die Behauptung vom edlen Herrscher.

Die Beschreibung der Kirche als eine, die Barbaren und Skythen mit einschließt, liefert ein Gegenbild zum Kaiserreich, indem es die mit einbezieht, die als das genaue Gegenteil von Zivilisation angesehen wurden. Skythen wurden als die Geringsten unter den Barbaren betrachtet. Diese radikal andere Vielvölkergemeinschaft wurde nicht durch gemeinsame Treue zum römischen Kaiser geschaffen, sondern zu dem, der von den Römern gekreuzigt wurde. Kolossä war durch beträchtliche ethnische und nationale Vielfalt gekennzeichnet, aber es ist unwahrscheinlich, dass dies auch Skythen umfasst haben könnte. Aller Wahrscheinlichkeit nach hatte die Kirche also keine skythischen Mitglieder. Paulus beschreibt eine Vision transnationaler Gemeinschaft, die alle für die römische Welt charakteristischen sozialen, legalen, ethnischen und traditionellen Barrieren überwindet. Die Christengemeinde in Kolossä ist ein Beispiel wahrer transnationaler Gemeinschaft, und als solche sollte sie ihr Gemeinschaftsleben in einer Weise strukturieren, die das widerspiegelt.

Der Begriff *transnational* ist zutreffender als international oder global. Seine Bedeutung liegt darin, dass die Kirche aus vielen verschiedenen Nationen rund um die Welt besteht, aber mit Einheit als größtem Ziel und höchster Priorität – über alle Differenzen, allen Dissens, alle Vorurteile und allen Streit hinweg. Die Kirche ist eine durch den Tod und die Auferstehung Christi geschaffene neue Wirklichkeit, welche die durch nationale und ethnische Identität hervorgerufene Spaltungen übersteigt oder überwindet. Die Kirche ist Repräsentantin einer neuen Nation, einer neuen Gesellschaft inmitten der mannigfaltigen Nationen der Welt, berufen, die Werte und die Gesinnung ihres Herrschers zu verkörpern und zu verkünden, des gekreuzigten Christus. Wieder leuchtet die Vision auf: Durch Gottes Gnade und die Kraft des Heiligen Geistes sind wir eins mit Christus, eins miteinander und eins im Dienst für die Welt.

> **Die Kirche ist eine durch den Tod und die Auferstehung Christi geschaffene neue Wirklichkeit, welche die durch nationale und ethnische Identität hervorgerufenen Spaltungen übersteigt oder überwindet.**

Wir leben heute in Umständen, die sich vom Kolossä des ersten Jahrhunderts oder vom Großbritannien des achtzehnten Jahrhunderts stark unterscheiden. Dennoch sind wir berufen, Ausdruck der transnationalen Gemeinschaft der christlichen Kirche zu sein. Die moderne Welt ist in vielerlei Weise in der Spannung gefangen zwischen den Mächten ökonomischer und finanzieller Globalisierung auf der einen Seite und einem wiedererstehenden Nationalismus oder sogar Isolationismus auf der anderen Seite.

Uns ist zunehmend bewusst geworden, dass unser Lebensstil stark mit globalen Vorgängen verwoben ist, die auf Menschen in anderen Teilen der Welt einwirken. Reisen zwischen den Großstädten der Welt können innerhalb eines Tages bewerkstelligt werden. Smartphone und Satellitentechnik erlauben unmittelbare Kommunikation mit Freunden und Bekannten auf sechs Kontinenten. Das dafür verwendete Smartphone, dessen Rohstoffe unter anderem aus dem Kongo stammen, wurde in China für eine koreanische Elektronikfirma hergestellt. Die Anzahl der von einem Unternehmen verkauften Telefone wird Auswirkung auf dessen Aktienkurs haben, der Aktionärinnen rund um den Planeten Vermögen oder Vermögensverlust bringen wird. Da Aktionäre nicht nur Einzelpersonen sind, sondern große Investmentfonds dazugehören, wirken sich Gewinn und Verlust auf die Renten von Menschen aus, deren Beiträge in die Fonds investiert wurden. Unser Leben beeinflusst nicht nur andere, sondern wird zunehmend von Kräften beherrscht, die sich unserer Kontrolle entziehen. Große Unternehmen verlegen ihre Fertigungsanlagen an Orte, an denen sie den größten Profit erzielen können, errichten ihre Geschäftssitze, wo sie die geringsten Steuern zu zahlen haben, und bewegen Geld zu ihrem eigenen Vorteil rund um die Welt. Arbeitsplätze sind nicht mehr sicher. Terrorismus und internationale Kriminalität bedrohen unsere Sicherheit. Wir sind eine Welt, eine globale Gemeinschaft, ein soziales Netzwerk – ob wir wollen oder nicht. Kein Handeln, kein Verhalten, keine Nachricht ist noch persönlich und privat, und alle Taten haben Konsequenzen. Die Kirche hat in all dem viele Gelegenheiten, unseren Planeten zum Guten zu beeinflussen.

Migration ist zu einem wichtigen Aspekt unserer globalisierten Gesellschaft geworden. Natürlich ist Migration nichts Neues. Ich bin Südafrikaner von überwiegend europäischer Abstammung. Die ersten meiner europäischen Vorfahren erreichten 1652 die Gegend des heutigen Kapstadts. Mindestens ein weiteres Familienmitglied wurde als Sklave aus Indien nach Kapstadt gebracht. Jetzt bin ich mit einer Deutschen verheiratet und lebe in der Schweiz. In unseren Tagen hat sich Migration intensiviert. Hochgebildete und gut bezahlte Arbeitnehmerinnen ziehen für kurze oder lange Zeit um die Welt. Viele andere fliehen vor Krieg, Terror, politischer Tyrannei, wirtschaftlicher Not oder Umweltzerstörung. Sie suchen eine neue Heimat, wo sie in Sicherheit leben und für sich und ihre Familien sorgen können. Es gibt Kurzzeitwanderarbeiter, die ihr Zuhause verlassen, um in fremden Ländern zu arbeiten, sodass sie für ihre Familien sorgen können, indem sie gefährliche, entwürdigende und schmutzige Arbeit verrichten, die die Bürger der Gastländer nicht machen wollen. In Europa haben wir neue methodistische Gemeinden, die aus Migranten aus Afrika, Mittelamerika, dem Nahen Osten und Asien bestehen. Der Dienst mit Migranten ist für kleine methodistische Gemeinden zu einer Quelle der Erneuerung geworden.

Globale Migration und die steigenden Zahlen von Flüchtlingen und Vertriebenen ziehen in vielen Teilen der Welt eine Gegenbewegung nach sich. Es gibt eine wieder aufkeimende Betonung nationaler Identität, nationaler Interessen und nationaler Sicherheit. In einigen Fällen hat dies zu offener und versteckter Fremdenfeindlichkeit geführt. Ausländer werden verunglimpft, stigmatisiert und manchmal misshandelt und umgebracht.

Teil einer transnationalen Gemeinschaft zwischen Globalisierung und Nationalismus zu sein, stellt uns als Kirche vor einzigartige Herausforderungen. Es gibt jedoch eine positive Dimension, die ich betonen möchte. Globalisierung, Migration und Transnationalismus bieten uns eine wundervolle Chance, voneinander zu lernen. Allzu lange drückte sich die Beziehung der Wohlhabenderen dieser Welt zu den weniger Begünstigten in Form von Mildtätigkeit, Fürsorge, Rettung und sporadischen Missionsreisen aus. Obwohl dies seinen Wert hat, verfestigen sich so die Barrieren, die »uns« von »denen« trennen. Uns wahrhaft mit solchen zusammenzutun, die von uns sehr verschieden sind, wird uns verändern. Diejenigen wirklich zu kennen, mit denen wir in der Kirche zusammenarbeiten, ist der Schlüssel zu bleibender Verwandlung.

Was kann man von den Kirchen in Ost- und Südosteuropa lernen, die beispielsweise Erfahrungen aus der Arbeit mit und am Volk der Roma haben und damit der jahrhundertelangen Diskriminierung und Ausgrenzung von Menschen etwas entgegensetzen? Was kann man von den Methodisten in Simbabwe darüber lernen, wie göttliche Liebe im Kontext von wirtschaftlichem Chaos, diktatorischer Regierung und politischer Ungewissheit gelebt wird? Die Evangelisch-methodistische Kirche im Kongo kann uns viel über die Verkörperung göttlicher Liebe im Kontext von Krieg und Parteienkonflikten lehren, wo Millionen Menschen getötet und verwundet und Hunderttausende Frauen vergewaltigt wurden. Die Evangelisch-methodistische Kirche in Russland und der Ukraine arbeitet daran herauszufinden, wie *Versöhnung* als Antwort auf den Bürgerkrieg in der Ukraine und die Annexion der Krim aussehen könnte. Europäische Methodisten erleben Erneuerung, indem sie mit Flüchtlingen und anderen Migranten arbeiten. Die liberianische Evangelisch-methodistische Kirche musste herausfinden, was es heißt, andere im Kontext von Ebola zu lieben. Viele weitere Beispiele könnten genannt werden. Sie alle verbindet die Tatsache, dass es eine zutiefst bereichernde Erfahrung ist, Teil einer transnationalen Gemeinschaft zu sein, wenn wir uns dafür öffnen.

Eine Kirche zu sein in vielfältigen, unterschiedlichen und komplexen soziokulturellen Räumen und Zeiten verursacht auch Spannungen und Meinungsverschiedenheiten, die unsere Fähigkeit herausfordern, Gottes Liebe zu verkörpern, und verdunkelt manchmal unsere Wahrnehmung dessen, was Liebe erfordert. Was die einen als Gebot göttlicher, bedingungsloser Liebe betrachten, wird von anderen als Anpassung an den Zeitgeist wahrgenommen. Teil einer transnationalen Kirche zu sein bietet eine einzigartige Chance, den kritischen und widersprüchlichen Meinungen anderer zuzuhören, da wir gemeinsam zu erkennen suchen, was es heißt, die Liebe Gottes zu verkörpern. Einen einfachen oder leichten Weg, dies zu erreichen, gibt es nicht. Es ist schwierig, komplex und anstrengend und erfordert, dass wir das Kreuz Christi auf uns nehmen und unsere eigenen Bedürfnisse und Interessen hinter uns lassen. Unser Ziel ist es, die Stimme der anderen zu hören und – wichtiger – in der Stimme und durch die Stimme der anderen die Stimme von Gottes Geist zu hören.

Fazit

Wenn wir die drei Themenbereiche zusammenbringen, können wir die Kirche als ein transnationales, konnexionales Netzwerk von Gemeinschaften beschreiben, das in vielfältigen Kontexten die kreuzgemäße Liebe Gottes zu verkörpern sucht. Eines der kennzeichnenden Merkmale dieser Gemeinschaft ist, dass sie mit und für Menschen lebt und arbeitet, die leiden und die benachteiligt, ausgegrenzt und ausgebeutet sind.

Wenn wir ehrlich danach fragen, was es heißt, Kirche an den Rändern zu sein, kommen wir um eine Erkenntnis nicht herum: Dies ist Gottes Kirche, nicht unsere. Das bedeutet für uns, dass wir uns nicht nur mit jenen verbinden, mit denen wir übereinstimmen, sondern auch mit denen, die den Glauben in radikal anderer Weise deuten als wir, und dass wir bereit sind, diesen Gemeinschaftssinn von der lokalen Ebene auf eine weltweite, transnationale Perspektive auszuweiten. An dieser Kirche mitzuwirken sind wir eingeladen, nicht um uns dienen zu lassen, sondern um zu Dienern göttlicher und aufopferungsvoller Liebe verwandelt zu werden. Die Kirche ist immer viel größer als jede einzelne Definition oder Beschreibung. Es ist gut, uns das Gebet Jesu aus dem Garten Gethsemane zu eigen zu machen und demütig zu beten, nicht unser, sondern dein Wille geschehe, oh Herr. Menschen sehen auf das, was trennt; Gott sieht auf das, was eint und aufbaut.

> **Menschen sehen auf das, was trennt; Gott sieht auf das, was eint und aufbaut.**

Anregungen zum Gespräch

Wie gehen wir mit der Herausforderung um, »Kirche an den Rändern« zu sein und mit denen am Rande Gemeinschaft zu pflegen?

Was bedeutet es für jede einzelne Gemeinde und ihre Glieder, zu einer weltweit vernetzten Kirche (Konnexio) zu gehören?

Wo wird das »Transnationale« konkret?

»Menschen sehen, was trennt; Gott sieht auf das, was eint und aufbaut.« Wie können wir lernen, aus Gottes Perspektive auf die Welt und die Kirche zu schauen?

7

Die sichtbare Einheit der Kirche

Als die frühe Kirche ihren Glauben in dem zusammenfasste, was heute als das Nizänische Glaubensbekenntnis bezeichnet wird, erklärte sie, dass wir »an die eine, heilige, katholische und apostolische Kirche« glauben. Obwohl die Kirche ihre Einheit proklamiert, wird diese Einheit oft von Spaltungen und Konflikten verdunkelt, die aus unterschiedlichen Konfessions- und Bekenntnisstrukturen herrühren. Alle beanspruchen, gültiger Ausdruck der wahren Kirche Christi zu sein, einige beanspruchen, ein angemessenerer Ausdruck als andere zu sein. Viele erkennen andere Bekenntnisgemeinschaften oder Konfessionen nicht als echte Ausdrucksformen der einen wahren Kirche an. Spaltungen bestehen nicht nur zwischen unterschiedlichen Konfessionen und Bekenntnisgemeinschaften, sondern auch innerhalb derselben. Manchmal sind selbst Ortsgemeinden in sich gespalten. Die Geschichte der Evangelisch-methodistischen Kirche war praktisch seit ihren Anfängen eine Geschichte von Spannungen, Spaltungen und Konflikten. Unterschiedliche theologische Positionen wurden durch Parteiungen vertreten, die energisch für ihre Ansichten kämpften. In einigen Fällen wurden jene, die bei einer bestimmten Position anderer Meinung waren, nicht nur kritisiert, sondern auch verunglimpft, und die Echtheit ihres christlichen Glaubens wurde in Frage gestellt. Während ich dies schreibe, ringt die Evangelisch-methodistische Kirche damit, wie sie zusammenbleiben kann in Anbetracht der unterschiedlichen Ansichten hinsichtlich der Einbindung und Akzeptanz homosexuell empfindender Menschen in der Kirche.

Angesichts dieser und anderer Spaltungen argumentieren viele Christen, dass Einheit ein Kennzeichen der unsichtbaren Kirche ist, während Uneinigkeit das Merkmal sichtbarer Kirchen ist. Im zwanzigsten Jahrhundert gab es allerdings eine bedeutende Bewegung, um die sichtbare Einheit der Kirche voranzutreiben. An dieser Bewegung waren Methodisten entscheidend beteiligt. In einigen Teilen der Welt führte dies zu Kirchenvereinigungen, während sie andernorts verbindlichere Kooperation und gemeinsame Missionstätigkeit zur Folge hatte. Die Gründung der Evangelisch-methodistischen Kirche im Jahre 1968 war auch eine Frucht dieser Bewegung. Dennoch ist die Einheit der Evangelisch-methodistischen Kirche mehr ein Ziel, nach dem wir streben, als eine Beschreibung des gegenwärtigen Zustands der Kirche. In diesem Kapitel werden wir die Bedeutung der Einheit der Kirche untersuchen.

Das Gebot der sichtbaren Einheit der Kirche

Es ist offensichtlich, dass die christliche Kirche in zahlreiche Konfessionen gespalten ist. Das Pew-Forschungszentrum und andere Meinungsforschungsinstitute liefern umfassende Statistiken zu vielen verschiedenen Konfessionen, und diese Konfessionen sind wiederum oft in sich selbst gespalten.[53] Innerhalb vieler Konfessionen reichen diese Spaltungen sogar bis in die Gemeinden hinein. Ist der Glaube an die Einheit der Kirche ein unsinniges Konzept? Wie zuvor erwähnt, reagieren manche auf den offensichtlichen Widerspruch, indem sie die These vertreten, dass die Einheit der Kirche eine Eigenschaft der unsichtbaren universalen Kirche ist, während die sichtbare Kirche von Natur aus in unterschiedliche, miteinander im Widerspruch stehende Konfessionen und Kirchen unterteilt ist. Infolgedessen mögen Christen, die ihre geistliche Einheit mit allen anderen Christen beteuern, kooperieren, soviel sie wollen, aber sie sollten keine Bewegung hin zu größerer organisatorischer und institutioneller Einheit erwarten. Nach dieser Logik sind Spaltungen innerhalb von Konfessionen wegen vieler theologischer oder ethischer Fragen keine große Katastrophe. Die organisatorische Einheit einer bestimmten Konfession hat keine tiefere theologische Bedeutung.

Eine biblische Betrachtung

Wie wir in Kapitel 4 erörtert haben, war die Frage des gemeinsamen Essens von Juden und Nichtjuden ein wiederkehrendes Thema im Neuen Testament. Das Hindernis für die Einnahme einer gemeinsamen Mahlzeit machte sich an zwei Problemen fest. Erstens wurden Juden durch ihre Reinheitsgesetze daran gehindert, die üblichen Speisen der Heiden zu essen. Außerdem gab es das Problem mit Fleisch, das Götzen geopfert worden war. In der antiken Welt war Fleisch, das auf dem Markt verkauft wurde, zumeist in einem Tempel als Teil einer Opferfeier geschlachtet worden. Christen waren sich uneins, ob auf dem Markt gekauftes Fleisch gegessen werden durfte, weil man nicht sicher sein konnte, ob das Fleisch aus einem dieser Tempel kam. Diese Debatten hatten in der frühen Kirche eine große Tragweite. Gemeinsames Essen war sichtbarer körperlicher und öffentlicher Ausdruck von Einheit. Die Autoren des Neuen Testaments stellten keine These auf, wie »gemeinsames Essen ist unwichtig, weil sowieso alle geistlich eins sind«. Vielmehr machten sie viele Vorschläge, wie die Hindernisse für das gemeinsame Essen überwunden werden könnten. Ein Teil der dieser Theologie zugrundeliegenden Gedanken kann im Brief an die Epheser wahrgenommen werden:

Erinnert euch deshalb daran, dass ihr früher schon rein körperlich Heiden wart. Von den sogenannten »Beschnittenen« wurdet ihr die »Unbeschnittenen« genannt. Dabei haben auch sie nur die körperliche Beschneidung, die von Menschenhand vollzogen wurde. Denkt daran, dass ihr damals von Christus getrennt wart. Ihr wart ausgeschlossen vom Bürgerrecht Israels – Fremde, für die keiner der Bundesschlüsse galt, mit denen Gott sein Versprechen gab. Ohne Hoffnung und ohne Gott habt ihr in dieser Welt gelebt. Aber jetzt gehört ihr zu Christus Jesus. Ihr, die ihr einst fern wart, seid ihm nahe gekommen durch das Blut, das Christus vergossen hat.

Ja, Christus selbst ist unser Friede. Er hat aus den beiden Teilen eine Einheit gemacht und die Mauer niedergerissen, die sie trennte. Er hat die Feindschaft zwischen ihnen beseitigt, indem er seinen Leib hingab. So hat er das Gesetz und die Gebote aufgehoben – mitsamt ihren Vorschriften. In seiner Person hat er die beiden Teile zu einem neuen Menschen vereint und dadurch Frieden gestiftet. Zugleich hat er die beiden Teile durch seinen Tod am Kreuz als einen Leib mit Gott versöhnt. So hat er durch seinen eigenen Tod die Feindschaft getötet. Er kam und verkündete Frieden: Friede für euch in der Ferne und Friede für die in der Nähe. Denn durch ihn haben wir alle Zugang zum Vater, weil wir einen Geist empfangen haben. Ihr seid also nicht mehr Fremde oder Gäste ohne Bürgerrecht. Ihr seid vielmehr gleichberechtigte Mitbürger der Heiligen und Mitglieder von Gottes Hausgemeinschaft. Ihr seid als Gemeinde gegründet auf dem Fundament der Apostel und Propheten, dessen Eckstein Christus Jesus ist. Durch ihn wird der ganze Bau zusammengehalten. So wächst er zu einem heiligen Tempel empor, der dem Herrn gehört. Weil ihr zum Herrn gehört, werdet auch ihr als Bausteine in diesen Tempel eingefügt. Gott wohnt darin durch den Heiligen Geist. (Epheser 2,11–22 Basisbibel)

Aus Sicht einer jüdischen Auslegung des Alten Testaments im ersten Jahrhundert war die Menschheit grundsätzlich in zwei Gruppen unterteilt: das Volk Israel in Bundesbeziehung mit Gott sowie die Heiden, die nicht in Bundesbeziehung mit Gott standen. Die Bundesbeziehung war nicht rein persönlich, sondern wesenhaft gemeinschaftlich. Gottes Bund schuf »ein *Volk*«. Wenn Gott in Christus Heiden in die Beziehung zu Gott einlädt, schafft diese Beziehung ein neues, vereintes Volk. Die zuvor bestehende Feindschaft und die trennenden Hindernisse waren aufgehoben; zwischen ihnen wurde Friede begründet, und sie sind zu Mitbürgern geworden. Die Aussage, sie seien nicht länger »Fremde oder Gäste«, sondern Mitbürger, ist wichtig. Wenn im Alten Testament nichtisraelitische Fremde im Land willkommen geheißen wurden, gewährte man ihnen einen speziellen Schutz, da sie oft anfällig für Ausbeutung waren. Aber dennoch waren sie nicht Teil des Gottesvolkes. In neutestamentlicher Zeit fühlten sich einige Heiden zur Verehrung des einen Gottes und zu vielen der vom Judentum vertretenen ethischen Werte hingezogen. Aber sie wollten nicht so weit gehen, sich zum Judentum zu bekehren, was bedeutet hätte, dass man die Männer hätte beschneiden, die koscheren Speiseregeln einhalten und anderen rituellen Gesetzen gehorchen müssen. Solche Menschen waren die damalige Entsprechung der alttestamentlichen »Gäste und Fremdlinge«. Sie beteten Gott an, aber befolgten nicht all die detaillierten Gesetze für das Volk Israel. Diese Art innerer Spaltung – quasi ein bisschen dazuzugehören, aber nicht ganz – wird in dieser Textpassage ausdrücklich ausgeschlossen. Es gibt ein Volk Gottes, geschaffen durch das Kreuz, und es kann keine inneren Spaltungen geben. Theologische Einheit musste auch praktisch verkörpert werden, um sie sichtbar zu machen. Daher waren gemeinsame Mahlzeiten von äußerster theologischer Bedeutung.

Eine wesleyanische Perspektive

Wie ich in Kapitel 3 ausgeführt habe, ist für Wesley die Kirche im Kern »eine Versammlung oder ein Leib von Menschen, die im Dienst an Gott vereint sind«[54]. Gott hat diesen Leib begründet, denn »er sah, dass es nicht gut war, ›dass der Mensch allein sei‹ […] sondern dass der ganze Leib seiner Kinder ›zusammengefügt‹ sein und ›jedes Glied das andere […] nach dem Maß seiner Kraft‹ unterstützen sollte«[55]. Sie sind »durch alle Art der Gemeinschaft miteinander verbunden«[56]. Das Wesen wahrer Kirche besteht darin, eine Gemeinschaft zu sein, die unterschiedliche Menschen miteinander vereint. Eine getrennte oder gespaltene Gemeinschaft spottet dieser Aussagen, die in Wesleys Theologie der Liebe verwurzelt sind. Die Kirche ist die Gemeinschaft, die Gottes Liebe verkörpert.

In seiner Predigt *Allen Menschen gefallen* (Römer 15,2) schrieb Wesley über die Liebe:

> Lass sie in deinem Herzen pochen, lass sie in deinen Augen funkeln, lass sie auf all deine Taten scheinen. Wann immer du deine Lippen öffnest, lass es in Liebe geschehen, und lass deine Zunge freundlichen Rat erteilen. Dann wird deine Rede rieseln wie der Regen und wie Tau auf das Kraut.[57]

Wesley glaubte, dass Liebe unter Christen aufgrund ihrer gemeinsamen Verbundenheit mit Christus eine größere Tiefe haben sollte. Diese Innigkeit entsteht aufgrund zweier wichtiger Faktoren. Erstens sind Christen von Gott verwandelt worden, sodass sie Gott und die anderen lieben können; daher ist die Liebe unter Christen eine der Liebe Gottes entsprechende Liebe und sollte demzufolge eine größere Tiefe gegenseitiger Liebe erzeugen. Zweitens ging Wesley davon aus, dass Liebe unter eng miteinander verbundenen Menschen Freude aneinander mit sich bringt. Die Kirche verkörpert als Gemeinschaft die göttliche Liebe, wenn ihre Glieder einander lieben und sich an-

Die Kirche verkörpert als Gemeinschaft die göttliche Liebe, wenn ihre Glieder einander lieben und sich aneinander erfreuen.

einander freuen. Die sichtbare Einheit der Kirche veranschaulicht, was es heißt, Kirche zu sein. Einige Christen stellen gleichwohl der Einheit der Kirche deren Heiligkeit gegenüber und räumen dann der Heiligkeit den Vorrang ein, um so Spaltung innerhalb der Kirche zu begründen. Aus wesleyanischer Sicht ist das jedoch unmöglich; für Wesley ist Liebe das Wesen von Heiligkeit. Daher sind die Einheit und die Heiligkeit der Kirche untrennbar miteinander verbunden. Das macht in Wesleys Denken Trennung sowohl schwerwiegend als auch hoffnungslos tragisch, da sie Verrat an der Identität der Kirche ist. So schreibt er in seiner Predigt *Über die Spaltung*:

> Uns von einem Leib lebendiger Christen zu trennen, mit dem wir vorher eins waren, ist ein schmerzlicher Bruch des Gesetzes der Liebe. Es ist das Wesen der Liebe, uns miteinander zu verbinden; und je größer die Liebe, desto enger die Einheit. Und solange diese in ihrer Kraft fortbesteht, kann nichts diejenigen trennen, die die Liebe verbunden hat. Erst wenn unsere Liebe erkaltet, können wir daran denken, uns von unseren Brüdern zu trennen. [...] Die Vorwände für Trennung mögen zahllos sein, jedoch ist Mangel an Liebe stets der wahre Grund; sonst würden sie doch die Einheit des Geistes im Bund des Friedens bewahren. Trennung ist daher all jenen Geboten Gottes entgegengesetzt, in denen brüderliche Liebe befohlen ist.[58]

Obgleich Christen eine Anzahl Gründe vorbringen können, warum sie sich voneinander trennen müssen – theologischer

Zwist, die Verdorbenheit der Kirche, Versagen der Führung und vieles andere – war Wesley davon überzeugt, dass es im Grunde immer ein Mangel an Liebe ist. Dies könnte stark vereinfacht erscheinen, aber nur, wenn wir die Tragweite von Wesleys Gedankengang nicht erfassen. Der leidenschaftliche Einsatz für das ganzheitliche und daher auch das geistliche Wohl unserer Mitchristen sollte sich in zweierlei Weise ausdrücken. Erstens werden wir, wenn wir andere wirklich lieben, ihre Gewissensfreiheit achten. Das heißt, wir anerkennen die Lauterkeit ihres Bemühens, dem zu folgen, was ihrer Überzeugung nach vor Gott wahr und gerecht ist. Daher würden wir sie nicht verdammen oder drängen, gegen ihr Gewissen zu handeln. Wenn wir andere als Geschwister in Christus anerkennen, die aufrichtig den Willen und die Wahrheit Gottes suchen, dann müssen wir in unseren Kirchen Strukturen schaffen, die es ihnen ermöglichen, Teil der Gemeinschaft zu bleiben, selbst wenn wir mit ihnen uneins sind. Zweitens: Wenn Personen, die Geschwister in Christus sind, guten Gewissens theologische Positionen vertreten oder Gepflogenheiten haben, von denen wir überzeugt sind, dass sie ihrem geistlichen Wohl abträglich sind, dann haben wir die Liebespflicht, mit ihnen in Gemeinschaft zu verbleiben, um sie liebend zu befähigen, die Gefahr ihrer Überzeugungen und Gewohnheiten zu erkennen.

Wenn wir anerkennen, dass die Menschen, mit denen wir uneins sind, Schwestern und Brüder in Christus sind, die Gott und ihre Nächsten lieben und als aufrechte Christen zu leben suchen, dann ist es theologisch notwendig, eine sichtbare institutionelle Verbindung mit ihnen zu bewahren.

Sichtbare Einheit in der Kirche ist nicht nur grundlegend für die Identität der Kirche als Gemeinschaft, die göttliche Liebe verkörpert. Sie ist auch grundlegend für die Mission der Kirche in der Welt. In Kapitel 1 habe ich ausgeführt, dass es laut Wesley Gottes Mission in der Welt ist, Menschen, Gemeinschaften und Gesellschaften so zu verwandeln, dass sie von göttlicher Liebe durchdrungen werden. Die Kirche ist die zentrale Mittlerin dieser Verwandlung durch ihre Worte, ihre Taten und durch das Zeugnis ihres Seins. Letzteres ist von entscheidender Bedeutung für die Tatsache, dass die Kirche nicht eine Mission *hat*, sondern die Mission *ist*; die Kirche *ist* Gottes Mission in der Welt; dies habe ich in Kapitel 4 dargelegt. Die sichtbare Kirche ist dort, wo göttliche Liebe in der Welt Gestalt annimmt, und sie ist berufen, ein Beispiel zu sein in einer Welt, die von Zwietracht und Konflikten gekennzeichnet ist. Ihre Einheit im Kontrast zu weltlichen Spaltungen und weltlichem Unfrieden ist ein Zeichen der Wirklichkeit der Liebe Gottes und ein grundlegender Bestandteil ihrer Mission in der Welt. So betete Jesus: »Ich bitte, ›dass sie alle eins seien. Wie du, Vater, in mir bist und ich in dir, so sollen auch sie in uns sein, auf dass die Welt glaube, dass du mich gesandt hast‹« (Johannes 17,21). Menschen werden zu Christus hingezogen, wenn sie das Beispiel der Liebe Gottes in der Kirche sehen, denn sie sehen in ihr, dass sich wirklich etwas verändert. In einer Zeit zunehmender Säkularisierung in Nordamerika und Westeuropa beweist die sichtbare Verkörperung der Liebe im Leben der Kirche die Glaubwürdigkeit des Evangeliums am deutlichsten.

Negativ betrachtet klingt die Verkündigung der Liebe Gottes durch die Kirche hohl, wenn deren Leben von Spaltungen, Konflikten und Trennung gekennzeichnet ist. All unsere Rede von Gott ist bedeutungslos, wenn sie nicht sichtbar durch unsere Taten bezeugt wird. So bemerkte Wesley in seiner Predigt *Der Herr, unsere Gerechtigkeit*:

Wie schrecklich und zahllos sind die Streitigkeiten, die sich um die Religion erhoben haben […] auch unter den Kindern Gottes […]. Wie viele von ihnen haben zu allen Zeiten, statt sich gegen den gemeinsamen Feind zu vereinigen, ihre Waffen gegeneinander gerichtet und dadurch nicht nur ihre kostbare Zeit verschwendet, sondern auch einer des anderen Geist verletzt, einander die Hände geschwächt und damit das große Werk unseres gemeinsamen Meisters behindert. Wie viele Schwache wurden dadurch gekränkt! Wie viele »Lahme wurden ins Straucheln gebracht«! Wie viele Sünder wurden darin bestärkt, jede Religion gering zu schätzen und die zu verachten, die sich zu ihr bekennen! Und wie viele von den »Herrlichen auf Erden« wurden gezwungen, »im Verborgenen zu weinen«![59]

Uneinigkeit und Konflikt innerhalb der Kirche zerstören das Zeugnis der Kirche von Gottes verwandelnder Liebe. Die sichtbare Einheit der Kirche zu betonen wirft angesichts der offensichtlichen Vielfalt der Kirche wichtige Fragen auf.

Vielfalt: Ein Gnadenmittel

Theoretisch über die Einheit der Kirche zu referieren, ist einfach. Aber die Wirklichkeit ist die, dass Christen sehr unterschiedliche theologische und ethische Überzeugungen hegen. Sie streiten darüber, wie die Kirche strukturiert sein sollte, wie die Schrift ausgelegt werden sollte, wie wir Gottesdienst feiern sollten und über zahlreiche weitere Fragen. Einige dieser Themen werden wir im nächsten Kapitel ausführlicher behandeln. An dieser Stelle will ich herausstreichen, dass viel davon abhängt, wie wir uns dem Thema der Vielfalt nähern. Ist sie eine Bedrohung? Ist sie eine Herausforderung? Oder ist sie, wie ich hier darlegen werde, ein Segen? Ich bin davon überzeugt, dass theologische Meinungsverschiedenheiten und miteinander im Streit liegende Weltanschauungen ein Mittel sein können, durch das wir in der Liebe wachsen können. Das kann – in Wesleys Worten – ein Gnadenmittel sein.

In seiner Flugschrift »Kennzeichen eines Methodisten«[60] lehnte Wesley es ab, die besonderen Merkmale des Methodismus zu definieren, abgesehen von theologischen Standpunkten, die die meisten Protestanten seiner Zeit miteinander teilten. Er stellte heraus, dass die Identität des Methodismus im Wesen der Methodisten begründet sei, die von der Gnade Gottes so verwandelt worden seien, dass sie Gott und die Nächsten liebten. Der Methodismus ist also in seinem Kern eine Bewegung, in der die radikale, verwandelnde Gnade Gottes verkörpert und verkündet wird, welche die Macht der Sünde überwindet und uns befähigt, Gott und die Nächsten zu lieben. Wenn das der Kern unserer Identität als Methodisten ist, dann kommt es zur Frage: Wie verhält sich unsere theologische und ethische Vielfalt zu diesem Kern?

Wesley erläuterte das. Er argumentierte, dass Gottes Liebe, wenn sie das Leben eines Menschen bestimmt, gewisse Wesenszüge hervortreten lässt. Er stellte sie in seinen Predigten zu den Seligpreisungen detailliert dar: Zu ihnen gehören Langmut, Demut, Mäßigung, Freundlichkeit, Sanftmut, Treue, Redlichkeit, Vertrauen, Gerechtigkeit, Wohlwollen, Selbstverleugnung, Frieden stiften und Ehrlichkeit. Obwohl Wesley davon ausging, dass diese Eigenschaften die Frucht von Gottes verwandelnder Gnade seien, erklärte er auch, dass sie nicht automatisch wüchsen. Sie müssten durch den Gebrauch der Gnadenmittel kultiviert werden. Wir haben die Gnadenmittel in Kapitel 3 untersucht. Rückblickend und zusammenfassend können wir sagen, dass die Gnadenmittel eine Vielfalt von Tätigkeiten sind, die wir ausüben. Sie sind Antwort auf Gottes Gnade, und sie sind Mittel, welche Gott in seiner Gnade gebraucht, um unser Wesen zu verwandeln. Nachdem er in seiner Darstellung der Seligpreisungen das verwandelte Wesen von Christen beschrieben hat, wendet sich Wesley Jesu Metaphern vom Salz und vom Licht zu, um darzulegen, dass »wahrer Glaube« immer sozialer Glaube ist. Wesley ging davon aus, dass wir liebende Wesenszüge nur in der dynamischen Interaktion mit anderen Menschen – Christen wie Nichtchristen – entwickeln können, die uns die Möglichkeit schenkt, konkret unsere Liebe zu ihnen auszudrücken. Indem wir Liebe zu anderen ausdrücken, verwandelt Gott unser Wesen so, dass wir liebevoller werden. Unterschiedliche Kontexte werden für neue und mannigfaltige Gelegenheiten sorgen, unsere Liebe zu anderen auszudrücken. Daher endet der Prozess der Heiligung nie. Es kommen immer neue Chancen und Herausforderungen auf uns zu, die neue Verkörperungen der Liebe zu Gott und anderen ermöglichen. Diese vielfältigen Gelegenheiten zu konkreter Interaktion mit anderen sind auch ein Gnadenmittel.

Teil einer Kirche oder Gemeinde zu sein, die von theologischer und ethischer Vielfalt gekennzeichnet ist, kann ein Weg sein, auf dem wir lernen, was es heißt, Gottes Liebe zu anderen zu verkörpern. Wesley beschrieb dies als eine »katholische« (universale) Liebe, durch die unser Wesen verwandelt werden kann. Vielfalt zu erleben kann also ein Mittel sein, durch das Gott uns so verwandelt, dass wir Christus ähnlicher werden. Dies geschieht, wenn wir Wesenszüge kultivieren wie: Demut, Geduld, Lernfähigkeit, Toleranz, Selbstkontrolle, andere höher zu schätzen als uns selbst, Vertrauen, Hoffnung, gegenseitigen Respekt und vieles mehr. Solche Verwandlung geschieht nicht automatisch. Wesley war sich dessen wohl bewusst, dass theologische Meinungsverschiedenheiten oft Bitterkeit, Zorn, Stolz, einen Geist der Herabwürdigung, Misstrauen und andere unheilige Wesenszüge erzeugten. Die Zugehörigkeit zu einer theologisch vielfältigen Gemeinschaft kann ein Gnadenmittel werden, wenn sie als Gelegenheit wahrgenommen wird, jenen tiefe Liebe entgegenzubringen, mit denen wir uneins sind. Wenn wir versuchen, unterschiedliche Schriftauslegung nachzuvollziehen, wenn

Die Zugehörigkeit zu einer theologisch vielfältigen Gemeinschaft kann ein Gnadenmittel werden, wenn sie als Gelegenheit wahrgenommen wird, jenen tiefe Liebe entgegenzubringen, mit denen wir uneins sind.

wir davon Abstand nehmen, die Verhaltensweisen und Einstellungen anderer zu richten, oder wenn wir übereinkommen, Menschen zu achten und anzuhören, die ganz andere Dinge glauben als wir, schaffen wir eine Umgebung, in der sich die Liebe durchsetzen könnte. Wir folgen Wesleys allgemeinen Regeln, nichts Böses zu tun, indem wir alles Gute tun, das wir können.

Aktives Glied einer Kirche zu sein, die sich durch theologische und ethische Vielfalt und Debatte auszeichnet, kann ein Mittel sein, in der Heiligung zu wachsen. Tatsächlich bietet dies eine einzigartige Umgebung, um in der Liebe zu unseren Mitchristen zu wachsen, die wir nicht hätten, wenn wir alle derselben Meinung wären. Eine theologisch vielfältige Gemeinschaft bedroht folglich die Heiligkeit nicht, denn Heiligkeit und Heiligung ist als ein Sich-verwandeln-Lassen zu verstehen, sodass unser Leben von Liebe durchdrungen wird. Sie kann in dem Maße zu einer Ausdrucksform von Heiligung werden, wie wir sie aktiv als ein Gnadenmittel verwenden, um in der Liebe zueinander zu wachsen. Theologische und ethische Vielfalt ist kein Wert an sich. Sie ist nur von Nutzen, wenn das Ziel der Zugehörigkeit zu einer solchen Gemeinschaft das Wachsen in Liebe ist. Das heißt nicht, dass alle theologischen und ethischen Ansichten in einer bestimmten Konfession zu dulden sind; einige sind offensichtliche Verletzungen der in Christus offenbarten göttlichen Liebe. Es heißt auch nicht, dass wir theologische Differenzen als bedeutungslos abtun sollten. Ganz im Gegenteil – weil theologische Standpunkte von Bedeutung sind, müssen wir uns den alternativen Ansichten und der Kritik anderer aussetzen.

Zentrum und Grenzen

Wir haben erkannt: Vielfalt als ein Gnadenmittel zu begreifen heißt nicht, dass alle theologischen und ethischen Standpunkte annehmbar sind. Im Laufe der Jahrhunderte haben die Kirchen festgehalten, was sie als die zentralen theologischen und ethischen Positionen ansehen, die in ihren Kirchen gelehrt werden sollen. Einige Kirchen verlangen, dass man einer Erklärung zur Glaubenslehre und – in manchen Fällen – einer Erklärung zur Ethik zustimmen muss, um beitreten zu dürfen. Wie wir oben erwähnt haben, dachte Wesley nicht, dass sich die kennzeichnenden Merkmale des Methodismus am besten in einer dogmatischen Erklärung beschreiben ließen. Das soll nicht heißen, dass Glaubenslehre für ihn nicht wichtig war.

Perspektiven des frühen Methodismus

Fragen der Lehre, der Ordnung und des »rechten Glaubens« werden oft als die Frage nach den Grenzen der Kirche bezeichnet. Grenzen trennen eindeutig diejenigen, die drinnen sind, von denen, die draußen sind, diejenigen, die dazugehören, von denen, die nicht dazugehören. Wesleys Praxis und Theologie legen einen alternativen Ansatz nahe. Der frühe Methodismus hatte, wie wir schon erwähnt haben, sehr offene Anforderungen für die Zugehörigkeit. Alle, die eine verwandelnde Beziehung zu Gott suchten, waren eingeladen, Methodisten zu werden. Aber sie mussten die Aufrichtigkeit ihres Bemühens beweisen, indem sie sich einen Lebensstil aneigneten, der mit den Allgemeinen Regeln übereinstimmte. Wesley verwarf ausdrücklich die Vorstellung, dass die Zustimmung zu bestimmten theologischen Lehrsätzen oder die Übereinkunft über Gottesdienstformen für die Zugehörigkeit erforderlich war. Denken Sie daran, dass der frühe Methodismus keine separate Konfession war, sondern eine Bewegung, deren Mitglieder anderen Kirchen angehörten! Selbst unter denen, die als Prediger Dienst taten, gab es große Flexibilität. Erstens war vereinbart, dass niemand dazu gezwungen sein sollte, etwas zu glauben oder zu praktizieren, von dem er nicht überzeugt war, dass es vor Gott richtig sei, dies zu glauben oder zu praktizieren. Wesley bestand darauf, dass niemand dazu gezwungen werden sollte, gegen das eigene Gewissen zu handeln. Er ging noch einen Schritt weiter: Er erklärte, dass kein Prediger irgendetwas predigen sollte, was der Lehre entgegenstand, die in den ersten vier Bänden seiner veröffentlichten Predigten und seinen *Erklärenden Anmerkungen zum Neuen Testament* enthalten war. Er ging nicht ins Detail, um zu erklären, was Teil der Lehre war und was nicht. Er gab zu, dass in einer Reihe von Fällen seine Ansichten in den *Anmerkungen* und den Predigten für Korrekturen offen waren. Nicht alles darin war Teil der verbindlichen Lehre. Es machte ihm auch nichts aus, mit Predigern zu arbeiten, die mit ihm in Aspekten der in den *Predigten* und in den *Anmerkungen* enthaltenen Lehre nicht übereinstimmten, solange sie nicht gegen diese Inhalte lehrten.

Wesleys Ansatz legt eine Möglichkeit nahe, mit den Unterschieden in biblischen und theologischen Auslegungen umzugehen. Er richtete die Fragestellung neu aus: weg von den Grenzen – was ist erlaubt – hin zum Zentrum – was ist wesentlich. Was bildet das Zentrum des christlichen Glaubens, auf das wir uns alle einigen können? Wenn das ermittelt ist, gibt es Raum für beträchtliche Vielfalt in der Deutung der Grenzen und ihrer Bedeutung. Für Wesley war das verwandelnde Wirken Gottes in einem Menschen fundamental. Gott handelt in Menschen, um sie neu auszurichten – weg von der Zentrierung auf sich selbst und hin zu einer Ausrichtung auf Gott und auf das Wohl anderer. Wenn Wesley beschreiben wollte, was zentral war, richtete er den Fokus auf diese Verwandlung.

Das Zentrum – theologisch beschrieben

Der Gott, der Liebe ist, liebt alle Menschen, und in seiner Gnade übernimmt Gott die Initiative, das menschliche Wesen zu verwandeln. Gottes Gnade ist die Kraft der Verwandlung, die Menschen dazu befähigt, Gott zu antworten. Gottes Gnade legt die menschliche Antwort allerdings nicht fest. Menschen können positiv auf Gottes Gnade reagieren und sich dem weiteren Wirken Gottes in ihrem Leben öffnen. Sie können aber auch negativ antworten und Gottes Gnade zurückweisen. Weil Gott jedoch liebevoll und frei ist, kann Gott die Negativspirale menschlicher Zurückweisung mit neuen gnädigen Einladungen aufhalten, und Gott tut das auch. Gottes Gnade bahnt so eine dynamische persönliche Interaktion zwischen Gott und dem Menschen an. Wesley bezog sich typischerweise auf eine Anzahl an Kernlehren, um diese Veränderung zu beschreiben. Wir werden uns fünf davon kurz ansehen.

Ursünde: Wesley ging davon aus, dass Gottes gnädiges Handeln in einem Menschen nur im Kontext der Ursünde verstanden werden kann. Die Lehre von der Ursünde ist unterschiedlich interpretiert und teils auch fehlinterpretiert worden. Hier ist die Kernaussage wichtig, dass das Menschsein von einer Dynamik gekennzeichnet ist, die sich radikal um sich selbst dreht, sodass das Selbst und seine Interessen das bestimmende Zentrum unseres Lebens bilden.

Zuvorkommende Gnade: Wesley bestätigte nicht nur, dass alle Menschen der Ursünde unterworfen seien, sondern auch, dass Gottes zuvorkommende Gnade in allen Menschen gegenwärtig sei. Diese Gnade bringt eine erste Befreiung von der Wirkmacht der Sünde, indem sie den Menschen zu einem gewissen Grad Gottes Absicht bewusst macht, dass sie Gott und ihre Nächsten lieben mögen, und sie befähigt, auf dieses Wissen zu reagieren. Menschen werden also durch die Gnade befähigt, verantwortliche Entscheidungen über ihr Leben zu treffen – eine Fähigkeit, die Wesley als die Begabung zur *Freiheit* bezeichnet hat. In besonderer Weise begleitet Gottes zuvorkommende Gnade die Offenbarung Gottes in der Schrift sowie die Verkündigung des Evangeliums, und sie beruft und befähigt Menschen, zum Glauben zu kommen.

Rechtfertigung und Gewissheit: Zuvorkommende Gnade öffnet einen Menschen dafür, Gott und der rettenden Liebe Jesu Christi zu antworten. Gott vergibt, und durch dieses ständig andauernde Gnadenwirken sind wir gerechtfertigt – nicht durch unsere eigenen Taten oder Bemühungen. Obwohl sich Menschen für die Rechtfertigung durch den Gebrauch der Gnadenmittel öffnen können, ist es Gott alleine – nicht unsere guten Taten –, der sie geschehen lässt.

Rechtfertigung kommt durch Glauben an Christus. Sobald Menschen von Gott gerechtfertigt sind, macht ihnen der Geist Gottes bewusst, dass sie von Gott geliebt sind, dass ihnen ihre Sünde vergeben ist und sie Kinder Gottes geworden sind. Wesley gab zu, dass das Bewusstsein für das Gewiss-gemacht-Werden durch den Heiligen Geist von Mensch zu Mensch unterschiedlich sei, aber er hielt Heilsgewissheit für eine grundlegende Dimension christlicher Erfahrung.

Neue Geburt: Rechtfertigung ist immer von der Neugeburt begleitet, durch die Gott den Menschen mittels des Heiligen Geistes verwandelt und ihn aus der Macht der Sünde befreit. Der Mensch wird wieder auf Gott hin ausgerichtet, angeleitet und befähigt, seine Nächsten zu lieben.

Heiligung: Die Neugeburt leitet den Prozess der Heiligung ein, das heißt des Wachsens in Heiligkeit. Der Kern von Heiligkeit ist Liebe zu Gott und anderen Menschen; daher ist Heiligung Wachstum in Liebe. Heiligung war für Wesley die Erneuerung und Verwandlung des Herzens und damit die Veränderung des inneren Geflechts menschlicher Wünsche, Einstellungen und Begierden, die das Wesen eines Menschen umgestaltet. Diese innere Verwandlung wird sich in der Verwandlung des äußerlichen Verhaltens eines Menschen ausdrücken.

Was ist mit anderen Glaubenssätzen? – Dass Jesus wahrer Mensch und wahrer Gott war, dass Jesus starb und wieder auferstand, dass es ein Jüngstes Gericht geben wird, bei dem man von uns verlangen wird, Rechenschaft über unser Leben abzulegen. Wesley leugnete diese und andere Lehren nicht; tatsächlich beharrte er sogar auf ihnen. Die Verwandlung des menschlichen Wesens kann nur im Lichte der umfassenden biblischen Geschichte begriffen werden, die berichtet, wer Gott ist und was Gott tut.

Wesley bestand jedoch darauf, dass die Bedeutung eines Glaubenssatzes in seiner Beziehung zum Zentrum zu suchen sei. Je weiter man sich von diesem Zentrum entferne, desto mehr sei Raum für berechtigte Meinungsverschiedenheiten. Beispielsweise erklärte Wesley in seiner Predigt *Über die Dreieinigkeit*, dass die Lehre von der Dreieinigkeit – dass Gott drei und dass Gott eins ist – für unser Verständnis von Gott grundlegend ist und zum Wesenskern lebendigen Glaubens gehört. Obwohl Wesley viele Male eindeutig erklärte, dass Liebe der zentrale Aspekt des Wesens Gottes ist, ließ er dahingehend viel Freiraum zu, wie man das Ineinanderwirken der Heiligen Dreieinigkeit wahrnehmen und verstehen könnte. Es ist wesentlich, dass wir alle die Dreieinigkeit anerkennen, aber nicht, dass wir sie alle auf genau dieselbe Weise verstehen. Dies spiegelt Wesleys weitherzige und ökumenische Gesinnung wider.

Es ist auch wichtig zu erwähnen, dass Wesley häufig den Unterschied zwischen Gottes verwandelndem Wirken und unseren menschlichen Erklärungsversuchen herausarbeitete. Menschen, die das verwandelnde Wirken Gottes anerkennen, werden sich darin unterscheiden, wie sie es erklären und deuten, so wie sie es bei der Dreieinigkeit tun. Wir müssen sorgfältig darauf achten, unser Augenmerk nicht auf die Erklärungen und Deutungen zu richten – sondern auf die Wirklichkeit, dass Gott uns verwandelt.

Die Verwandlung der menschlichen Persönlichkeit – ethisch beschrieben

Die Verwandlung der menschlichen Persönlichkeit befreit, stärkt und motiviert Menschen, Gott und ihre Nächsten zu lieben. Wir haben dies schon ausführlich untersucht, hier bleibt folgendes zu erwähnen:

Erstens: Die moralischen Gesetze, wie sie in den biblischen Texten entfaltet werden (das Gesetz und die Propheten, die Bergpredigt, die Briefe des Paulus und die Pastoralbriefe) versuchten zu definieren und zu beschreiben, was Liebe in diversen menschlichen Beziehungen und Kontexten bedeutet.

Zweitens: Das Erkennen des moralischen Gesetzes erfordert mehr als die bloße Bezugnahme auf biblische Gebote. Gemeinschaften, Gesellschaften und Familien finden im jeweiligen Kontext heraus, was diese Gebote bedeuten. In seinen *Allgemeinen Regeln* wandte Wesley die Anforderungen des moralischen Gesetzes auf die Situation in England im achtzehnten Jahrhundert an und nahm Dinge mit auf, die sich so nicht in der Bibel finden, wie das Verbot, gebrannten Alkohol zu trinken und mit ihm zu handeln – ein Getränk, das in biblischen Zeiten gar nicht existierte. So wurde in jener Zeit das Gebot konkretisiert, die Nächsten zu lieben.

Drittens: Nicht alle ethischen und moralischen Themen und Positionen haben gleiche Bedeutung. Wesley zum Beispiel plädierte entschieden dafür, dass die Bibel vorschreibt, dass Christen kein Blut essen. Dennoch sprach er sich ebenso entschieden dafür aus, dass dies ein Gebiet sei, auf dem Christen unterschiedlicher Meinung sein könnten. Wiederum liegt die Bedeutung eines Themas in seiner Beziehung zu den grundlegenden Geboten, Gott und seine Nächsten zu lieben. Für Wesley war die Ablehnung des Essens von Blut eindeutig von geringerer Bedeutung als die des Trinkens von gebranntem Alkohol.

Viertens: Wesley sah ein, dass Christen uneins darüber sein würden, was es heißt, Gott und die Nächsten zu lieben. Deutlichstes Beispiel dafür ist, wie Wesley den Katholizismus beurteilte. Wie die meisten Protestanten seiner Zeit glaubte Wesley, dass die Verehrung der Heiligen und Marias im katholischen Gottesdienst eine Form des Götzendienstes darstelle und daher eine Verletzung des Gebotes sei, Gott zu lieben. Er anerkannte jedoch, dass es Katholiken gab, die Gott aufrichtig liebten, und er sah auch einige unter ihnen als wichtige Beispiele für eine heilige Lebensführung an. Christen können Gott und ihre Nächsten aufrichtig lieben und dennoch uneins darüber sein, was das in einzelnen Fällen praktisch bedeutet.

Fazit

Dieses Kapitel führte aus, dass die sichtbare Einheit der Kirche von zentraler Bedeutung für die Identität und die Mission der Kirche ist. Im Lichte des letzten Abschnitts würde ich noch einen Schritt weitergehen.

Wenn ein von Gottes Liebe durchdrungenes Leben und ein verwandeltes christliches Leben untrennbar zusammengehören, dann gehören auch die sichtbare Einheit und die Liebe zusammen und bilden die Kernelemente dessen, was es heißt, Kirche zu sein. Einheit schließt Vielfalt, unterschiedliche Meinungen oder Konflikte nicht aus. Im Gegenteil: Wenn wir Vielfalt, Meinungsverschiedenheiten und Konflikte innerhalb unserer Gemeinschaft aus dem Blickwinkel der verwandelnden Liebe Gottes heraus angehen, können sie für uns ein Gnadenmittel werden.

Wenn wir Vielfalt, Meinungsverschiedenheiten und Konflikte innerhalb unserer Gemeinschaft aus dem Blickwinkel der verwandelnden Liebe Gottes heraus angehen, können sie für uns ein Gnadenmittel werden.

Anregungen zum Gespräch

Warum ist die »sichtbare Einheit der Kirche« wichtig?

Mangel an Liebe ist für Wesley der wahre Grund für Spaltungen und Trennungen. Wie kann dann Liebe vermehrt werden?

Wie können wir sichtbare institutionelle Einheit bewahren, obwohl wir in vielen Fragen unterschiedliche Einsichten und Überzeugungen haben?

Wie sehen wir den Zusammenhang von Liebe, Einheit und Mission?

Wie können wir in der Gemeinde Charakterzüge wie Demut, Geduld, Lernfähigkeit, Toleranz, Respekt etc. kultivieren, um Christus ähnlicher zu werden?

Können wir theologische und kulturelle Vielfalt als Mittel sehen, durch die uns Gottes Gnade zufließt und die uns in der Liebe wachsen lassen? Wo sehen wir die Grenzen?

Worauf konzentrieren wir uns? Auf die Frage nach den Grenzen (Was ist erlaubt?) oder auf die Frage nach dem Zentrum (Was ist wesentlich?)?

Für Wesley war das verwandelnde Wirken Gottes in einem Menschen wesentlich. Was trägt diese Einsicht für unser Ringen um Einheit aus?

8

Können wir trotzdem Gemeinschaft sein?

Von Einheit zu sprechen ist einfach, doch die Wirklichkeit ist viel schwieriger. Eines der Hauptprobleme ist, dass unsere religiösen Bindungen, Glaubensüberzeugungen und Praktiken wesentliche Ausdrucksformen dessen sind, wer wir sind.

Meinungsverschiedenheiten werden schnell sehr persönlich, weil wir ja ausdrücken, was wir tief im Inneren glauben und es um das geht, was aus unserer Sicht wirklich und wahr ist. Wir streiten darüber, was nach unserer Glaubensüberzeugung richtig und falsch, gut und böse ist, und darüber, was wir über Gott »wissen«. Es ist schwierig, solche Fragen mit Gleichmut zu behandeln. Innerhalb der Kirche wird es dann am heftigsten, wenn wir nicht anerkennen können, dass die Kirche nicht uns gehört. Sie ist Gottes Kirche, und da bestimmt Gott Wahrheit und Irrtum, Richtig und Falsch.

Können wir zusammen mit anderen Menschen derselben Kirche angehören, wenn wir glauben, dass diese grundsätzlich falsche Vorstellungen davon vertreten, wer Gott ist, was Gott tut und wie Jesus in dieses gesamte Bild passt? Was geschieht, wenn das, was die eine Person für Gottes Willen hält, von der anderen Person als Sünde angesehen wird? Diese Fragen sind nicht neu. Sie sind seit Jahrhunderten Teil des kirchlichen Lebens. Die einzelnen Themen mögen sich ändern, aber das Grundproblem bleibt dasselbe. Aufgabe dieses Kapitels ist es, einige Schlüsselkonzepte aus John Wesleys Theologie zu betrachten, die uns helfen können, als Gemeinschaft mit vielfältigen und sogar widersprüchlichen Standpunkten zusammenzuleben.

John Wesley und die ökumenische Gesinnung

Zu der Zeit, als John Wesley seinen Pfarrdienst antrat, waren Religionskonflikte seit zwei Jahrhunderten eine signifikante Triebkraft in der englischen Geschichte gewesen. Nach dem Bruch des englischen Königs Heinrichs VIII. mit dem Papst und der Kirche von Rom waren einige Monarchen katholisch und versuchten, England wieder unter die Autorität der römischen Kirche zu stellen. Andere waren protestantisch und wollten die Kirche von England als eine unabhängige protestantische Kirche erhalten. Herrscher auf beiden Seiten verfolgten diejenigen, die mit ihnen nicht übereinstimmten. Darüber hinaus waren die Protestanten auch untereinander zerstritten – einige wollten eine radikalere Reform der Kirche. Dies alles kulminierte im Englischen Bürgerkrieg und der Hinrichtung Karls I. im Jahre 1649. Das englische Experiment mit einer republikanischen Regierung war nicht von Dauer. Die Monarchie wurde wiederhergestellt, und Karl II. wurde König. Pfarrer, die sich weigerten, sich der neuen Ordnung anzupassen, wurden aus ihren Stellungen und Wohnungen geworfen. Beide Großväter Wesleys verloren so ihre Stellen und Häuser. Einer der beiden wurde verhaftet, weil er fortfuhr zu predigen, obwohl es ein offizielles Predigtverbot gab für Personen, die nicht Pfarrer der Kirche von England waren. Wesleys Eltern traten als junge Erwachsene der Kirche von England bei. Zu der Zeit, als Wesley ein junger Mann war, gab es keine gewaltsame Verfolgung mehr. Protestanten, die keine Mitglieder der Kirche von England waren, wurden unter bestimmten Bedingungen geduldet, waren aber von wichtigen Staatsämtern und den zwei Universitäten (Oxford und Cambridge) ausgeschlossen. Katholiken wurden nicht länger verfolgt, aber es war ihnen nicht gestattet, öffentliche Gottesdienste zu organisieren oder daran teilzunehmen. Einige wurden verdächtigt, die Regierung unterwandern zu wollen und Englands Feinde zu unterstützen.

Der frühe Methodismus war keine Konfession, sondern eine auf die Wiederbelebung der Kirche von England ausgerichtete Erweckungsbewegung. Die methodistische Bewegung zog jedoch bald Angehörige anderer protestantischer Konfessionen an. Das Problem mit theologischen Meinungsverschiedenheiten begegnete den Methodisten auf dreierlei Weise. Erstens: Weil der Methodismus Angehörige unterschiedlicher Konfessionen umfasste, wurden die entscheidenden theologischen und praktischen Gegensätze zwischen diesen Konfessionen in die methodistische Bewegung hineingetragen. Zweitens war der wesleyanische Methodismus nur eine Erneuerungsbewegung unter manchen anderen, die vieles miteinander teilten, aber sich auch über wichtigen theologischen Problemen entzweiten. Eine Frage von großer Bedeutung war, wie sich die unterschiedlichen Erneuerungsbewegungen zueinander verhalten sollten. Drittens war das Verhältnis zwischen dem Methodismus und der Kirche von England eine Quelle der Auseinandersetzung.

In persönlicherer Hinsicht war Wesley zutiefst von Menschen beeinflusst, mit deren Meinungen er ganz und gar nicht übereinstimmte. Dies lässt sich vielleicht am besten durch seine Beziehung zum Katholizismus veranschaulichen. Während seiner Zeit als Student in Oxford wurde Wesley in seiner Auffassung von Heiligung stark von der *Nachfolge Christi* des katholischen Autors Thomas von Kempen beeinflusst. Später veröffentlichte er eine gekürzte Form davon und empfahl sie weithin seinen Anhängerinnen. Darüber hinaus stellte er Kempen als ein Muster an Heiligung dar.

In unserer modernen ökumenischen Zeit ist es für Protestanten nicht ungewöhnlich, von einem Katholiken geschriebene Werke zu lesen, sich von ihnen beeinflussen zu lassen und sie weiterzuempfehlen. Für einen Protestanten des achtzehnten Jahrhunderts war das alles andere als gewöhnlich und mag weithin als unannehmbar angesehen worden sein. In zahlreichen Schriften kritisierte Wesley die katholische Theologie und Praxis und verwarf sie, indem er das »Pfaffentum« und die Irrtümer der römischen Kirche attackierte. Es gab viele Überzeugungen, die Wesley nicht akzeptieren konnte: die katholische Deutung der Rechtfertigung, die er als Rechtfertigung durch Werke interpretierte; die Verehrung von Bildern, die er als Götzendienst auslegte; die Marien- und Heiligenverehrung sowie das katholische Messverständnis. Wesley zufolge umfasste die katholische Theologie Vorstellungen, die in der

Schrift nicht gelehrt wurden und die ihr manchmal widersprachen. Sie ignorierte und verdunkelte biblische Textstellen, die im Gegensatz zu ihrer Lehre standen, und ihre Haltung und Maßnahmen gegenüber den Protestanten verstießen gegen Gottes Gebote der Gerechtigkeit, des Erbarmens und der Wahrheit. Von seiner giftigsten Seite zeigte sich Wesley, als er verkündete, der Papst sei ein Antichrist. Für Wesley war der Katholizismus eine verfälschte Form des Christentums. Obgleich er ihn »scheußlich« und einen Gräuel nannte, versuchte Wesley auch Wege zu finden, zwischen protestantischen und katholischen Glaubensüberzeugungen eine Brücke zu schlagen, um eine wahrhaft ökumenische Gesinnung zu schaffen. Am 18. Juli 1749 verfasste Wesley einen »Brief an einen römischen Katholiken«, in dem er sowohl versuchte, grobe Fehlwahrnehmungen des Protestantismus zu widerlegen und Unterschiede im Denken zu verdeutlichen als auch Gemeinsamkeiten herauszuarbeiten.[61]

Darin erweist sich seine ökumenische Gesinnung, dass er die Schriften und Lebenswege einzelner katholischer Autoren – so etwa Kempens – anerkannte. Außerdem machte Wesley geltend, dass es katholische Gemeinden gab, die Zweige der wahren Kirche seien, und er sah beachtliche theologische Übereinstimmungen zwischen Katholiken und Protestanten. Er behauptete sogar, dass er kein Problem damit hätte, wenn Katholiken der Kirche von England beiträten, und – noch erstaunlicher – dass er bereit sei, Glied der katholischen Kirche zu sein, solange er nicht dazu gezwungen werde, gegen sein Gewissen zu verstoßen.

Wie konnte Wesley solch harte Ansichten in Bezug auf

den katholischen Glauben hegen, während er gleichzeitig zu einem höflichen Umgang miteinander aufrief und Gemeinsamkeiten hervorhob? Manche vermuteten, dass wir quasi zwei Wesleys finden können – einen offenen, einladenden Wesley und einen ausgrenzenden, eifernden Wesley. Es gibt keine einfache Antwort, denn wie in vielen anderen Aspekten seines Lebens gilt auch hier: Wesley war ein vielschichtiger Denker.

Ökumenische Gesinnung – oder: Heiligung in einer vielfältigen Kirche

Wesley liefert einen Abriss der Theologie, die diesem scheinbaren Widerspruch zugrunde liegt, in zwei Predigten: *Ökumenische Gesinnung* und *Eine Warnung vor Engstirnigkeit*.[62] Der Charakter der Theologie Wesleys zeigt sich in seiner Auffassung von Heiligung, wie er sie in diesen Predigten entfaltet. Heiligung erfordert die Verbindung von Glauben und Handeln: tiefe Bindung an das, was man als wahr erachtet, klare Ablehnung dessen, was man für irrig hält, und trotzdem noch einen Umgang mit denen pflegen, die die Dinge anders sehen. Laut Wesley konnte sich eine Person in tiefem Irrtum des Denkens oder Handelns befinden und dennoch eine gute Christin sein und ein Beispiel an Heiligung. Sich in einem Aspekt des Glaubenslebens zu irren, bedeutete nicht, dass dies in allen Aspekten so war. Aus diesem Grund war es geboten, so viel wie möglich in derselben Kirchengemeinschaft zusammenzuarbeiten. Lassen Sie uns dies ausführlicher untersuchen.

In *Ökumenische Gesinnung* legte Wesley dar, dass Christen sich zwar darüber einig sind, dass eine tiefe beiderseitige Liebe ihre Beziehungen zueinander kennzeichnen sollte, dies aber in der Praxis oft nicht gilt. In Wesleys Worten »gehen« sie nicht »miteinander«[63], und was sie davon abhält miteinander zu gehen, ist, dass sie »nicht in gleicher Weise denken«[64]. Das Problem ist, dass sie unterschiedliche theologische Überzeugungen hegen, die zu unterschiedlichen Praktiken führen. Seine Predigt war vornehmlich an Menschen gerichtet, die unterschiedlichen Konfessionen angehörten, aber Teil der Erweckungsbewegung waren. Wesley regte an, dass – selbst wenn Unterschiede in theologischen Überzeugungen und Praktiken sie trennen – sie das nicht davon abhalten sollte, eine tiefe Liebe zueinander zu hegen.

Wesley liefert auch den Schlüssel dafür, wie das zu begreifen ist. Er nennt es »eines Herzens sein«[65]. Nun, was ist dieses eine Herz? Es ist das Herz, das durch die Gnade so verwandelt wurde, dass wir Gott und unsere Nächsten lieben. Das heißt nicht, dass Unterschiede in theologischen Vorstellungen, religiöser Praxis oder konfessionellen Strukturen belanglos wären. Wesley argumentiert geradezu andersherum: Weil wir alle vor Gott dafür verantwortlich sind, was wir denken und wie wir leben, müssen wir tiefe Überzeugungen davon haben, wer Gott ist und was Gott in der Welt tut, was uns wiederum zu bestimmten Lebens- und Gottesdienstformen führt. Den Gliedern einzelner Gemeinden erscheinen solche Unterschiede bezüglich der tiefen Überzeugungen als natürlicher und normaler Teil unserer Erfahrung von Gottesdienst und christlicher Gemeinschaft.

Interessanterweise ging Wesley auch davon aus, dass der Methodismus, also die mit seiner Person verbundene Bewegung, ein charakteristisches Merkmal habe, nämlich dass er die – im Wortsinn – »katholische« (katholisch bedeutet: allgemeine, universale, ökumenische) Gesinnung verkörpere.[66] Alle Menschen, unabhängig von konfessioneller Zugehörigkeit, theologischen Vorstellungen oder religiösen Praktiken, waren eingeladen, Methodisten zu werden. Dies lag natürlich zum Teil daran, dass der Methodismus zur Zeit Wesleys keine eigene Konfession war, sondern eine Erweckungsbewegung. Wesleys in dieser Predigt entfaltete Theologie der Heiligung bietet Menschen, die zutiefst uneins sind, einen Ansatzpunkt zu weitest möglicher Zusammenarbeit, ohne gegen das eigene Gewissen zu verstoßen. Das setzt voraus, sich gegenseitig als Menschen anzuerkennen, die durch die Gnade Gottes verwandelt wurden und die sich dieser Erfahrung verpflichtet wissen.

Die Predigt *Eine Warnung vor Engstirnigkeit* spricht ein ähnliches Problem aus einem anderen Blickwinkel an. Der Text für diese Predigt ist die Geschichte in Markus 9,38–40:

Johannes sprach zu ihm: Meister, wir sahen einen, der trieb Dämonen in deinem Namen aus, und wir verboten's ihm, weil er uns nicht nachfolgt.

Jesus aber sprach: Ihr sollt's ihm nicht verbieten. Denn niemand, der ein Wunder tut in meinem Namen, kann so bald übel von mir reden. Denn wer nicht gegen uns ist, der ist für uns.

Wesley interpretierte dies als eine Frage: Sollte dieser Mensch als jemand angenommen werden, der von Gott in eine Beziehung mit Gott aufgenommen wurde? Wesley untersuchte nun, was es heißt, Dämonen auszutreiben. Seiner Meinung nach heißt dies, dass eine Person von Gott gebraucht wird, um geistliche Veränderung im Leben anderer zu bewirken. Wenn Gott jemanden annehmbar findet, dann sollten wir diesen Menschen nicht verwerfen.

Dann wandte Wesley seine Aufmerksamkeit dem zu, was es heißt, dass ein Mensch uns nicht folgt. Sollten wir einfach deswegen einem Menschen gegenüber voreingenommen sein, weil er oder sie »uns nicht nachfolgt«? Wesley liefert eine Reihe von Perspektiven. Zunächst schlägt Wesley vor, dass »uns nicht nachfolgen« einfach heißen kann, nicht Teil unseres Kreises zu sein – nicht »einer von uns«. Zweitens vermutet er, dass »nicht nachfolgen« heißen kann, dass diese Person von einer anderen Gruppe oder Anhängerschaft ist. Drittens könnte »nicht nachfolgen« bedeuten, unterschiedliche theologische Überzeugungen oder Ansichten zu hegen. Viertens könnte »nicht nachfolgen« bedeuten, andere Gewohnheiten und Rituale zu haben. Fünftens könnte es heißen, einer anderen Sekte, anderen Kirche oder einem anderen

Glaubenssystem anzugehören. All dies könnten Interpretationen davon sein, Jesus und seinen Lehren »nicht nachzufolgen«. Keine dieser Auffassungen gibt uns das Recht, jemanden abzulehnen, der Gottes Werk in einer anderen Weise tut als der unseren.[67]

Nachdem er jene identifiziert hatte, die nicht mit uns sind, legte Wesley nun aus, was es heißt, »ihnen zu verbieten«. Seinen Ausführungen nach bedeutet es, ihnen in irgendeiner Weise zu erschweren oder zu verwehren, das Werk zu tun, das sie tun, nämlich Menschen in eine verwandelnde Beziehung zu Gott in Christus zu rufen. Dies geschieht möglicherweise nicht auf direkte Weise. Es gibt viele Möglichkeiten, Menschen in ihrem Wirken zu entmutigen oder einzuschränken. Dazu gehört auch, wie wir mit anderen über sie sprechen. Wir müssen vielmehr alles tun, was wir können, um solche Menschen in ihrem Wirken zu unterstützen und zu ermutigen.

Wesley richtet sein Augenmerk zwar auf Menschen, die anderen Konfessionen angehören. Aber es muss erwähnt werden, dass sein Hauptbeispiel – Menschen die Austreibung von Dämonen zu verbieten – auf den erklärten Widerstand zielt, der von Gliedern und der Führung der Kirche von England gegen Wesleys Laienprediger gerichtet ist. In anderen Worten gelten seine Ausführungen sowohl innerhalb bestimmter Konfessionen als auch zwischen ihnen. Später in seinem Leben meinte Wesley, dass die Streitpunkte, die radikalere Protestanten wie seine Großväter dazu gebracht hätten, die Kirche von England zu verlassen, nicht von solcher Natur gewesen seien, dass sie Spaltung hätten verursachen müssen. In seiner Predigt *Über die Spaltung* gestattet Wesley das Verlassen einer Kirchengemeinschaft nur unter einer einzigen Bedingung: wenn Menschen in dieser Kirchengemeinschaft zu etwas gezwungen werden, das ihnen ihr Gewissen verbietet, oder wenn ihnen etwas zu tun verwehrt wird, von dem sie überzeugt sind, dass Gott es von ihnen fordert.[68] Wenn dies passiert, liegt die Schuld für die Ursache der Spaltung bei den Autoritäten, die die Menschen daran hindern, ihrem Gewissen zu folgen. Es ist wert anzumerken, dass die frühen methodistischen Konferenzen die Entscheidungen der Konferenz nur dann für eine Person verbindlich machten, wenn die Entscheidung nicht gegen das Gewissen der Person verstieß. Wesley versuchte Spaltungen innerhalb des Methodismus zu verhindern, indem er Gewissensfreiheit gewährleistete. Aus einem anderen Blickwinkel betrachtet entwickelte Wesley einige Praktiken, die den Regeln der Kirche von England zuwiderliefen, weil er fand, dass diese Regeln ihn an seiner Berufung hinderten, das Evangelium zu verkünden. Ein Schlüsselbeispiel hierfür ist, dass er regelmäßig ohne Erlaubnis in den Pfarrbezirken anderer Pfarrer predigte, manchmal auch, nachdem sie es ausdrücklich verboten hatten. Das Kirchenrecht schrieb vor, man solle in der Pfarrei eines anderen nur predigen, wenn man die Erlaubnis des ansässigen Pfarrers habe. Als Wesley erklärte: »Die Welt ist meine Pfarrei«, verkündete er keine Vision für die Mission, sondern vielmehr seine Weigerung, Kirchenrecht zu befolgen, das seinem Gewissen zuwiderlief.

Lassen Sie uns hieraus einige Schlussfolgerungen für das heutige Leben innerhalb einer Kirche oder Konfession ziehen:

- Der Kern unserer Einheit mit anderen Christen ist nicht Einigkeit über Theologie oder Praxis, sondern die wechselseitige Erkenntnis, dass Gott uns so verwandelt, dass wir Gott und unsere Nächsten lieben.
- Das entscheidende Kriterium für die Anerkennung der Nachfolge eines Menschen ist, ob Gott durch sie das Leben von Menschen verwandelt – nicht, ob wir mit dessen Theologie und Praktiken einverstanden sind.
- Theologische Ansichten sind wichtig und von Belang, weil sie das Leben von Menschen formen; deswegen müssen wir unsere Ansichten mit Überzeugung vertreten und vorantreiben.
- Wir müssen die Freiheit von Menschen bejahen, in Einklang mit dem zu glauben und zu handeln, wovon sie zutiefst überzeugt sind, dass es der Wahrheit und dem Willen Gottes entspricht, auch wenn wir selbst unterschiedlicher Meinung sind.
- Das Leben einer Kirche oder Konfessionsgemeinschaft sollte so strukturiert sein, dass es so viel Einheit wie möglich fördert, aber dennoch sollten gegensätzliche Gewissensentscheidungen respektiert werden.

Theologische Wurzeln

Wesleys Verständnis der ökumenischen Gesinnung ist tief in den zentralen Aspekten seiner Theologie verwurzelt. In diesem Abschnitt untersuche ich einige dieser Aspekte.

Im Zentrum von Wesleys Theologie steht die Überzeugung, dass Gott gerecht ist und die Menschen von Gott immer gerecht behandelt werden. Aus diesem Grund lehnte er die calvinistische Vorstellung entschieden ab, dass Gott einige Menschen vorherbestimmt habe, zu glauben und erlöst zu werden, aber andere übergehe oder verwerfe. Dies war für Wesley zutiefst ungerecht. Wenn Gott den Menschen Erlösung bringt, muss sie für alle Menschen gelten. Gott wird Menschen nicht deshalb verdammen, weil sie etwas nicht getan haben, das ihnen unmöglich war. Daher verdammt Gott Menschen nicht dafür, dass sie das Evangelium nicht annehmen, wenn sie es nicht gehört haben.

Vom Konzept, dass Gott ein Gott der Gerechtigkeit ist, leitet sich die Verantwortung aller Menschen dafür ab, Gott über das Leben, das sie führen, Rechenschaft abzulegen. Gott erwartet von uns nicht, dass wir tun, was wir nicht tun können, aber Gott erwartet, dass wir unsere Erkenntnis gebrauchen – gemäß unserer Fähigkeit und in Bezug auf die Umstände, in denen wir leben. Wesley betonte, dass wir unserem Gewissen gemäß handeln müssen. Wenn wir gegen das handeln, von dem wir aufrichtig glauben, dass es wahr ist, oder gar mit Gewalt dazu gezwungen werden oder auf irgendeine andere Weise dazu genötigt werden, verletzen wir unser Gewissen. Die Konsequenzen wären: Es fiele uns leichter, dem zuwiderzuhandeln, was wir für richtig halten. Es fiele uns auch leichter, Gott gegenüber ungehorsam zu sein und wieder in das selbstbezogene Leben der Sünde verstrickt zu werden.

Wesley betonte die offensichtliche Tatsache, dass wir keine umherschwebenden Geister sind, sondern leibliche Geschöpfe. Das heißt, dass all unser Wissen über unseren Körper kommt. Der einzige Zugang, den wir zur Welt haben, ist über unsere Körperorgane. Die Informationen, die wir von ihnen empfangen, werden von unserem Gehirn verarbeitet. Selbst wenn wir eine direkte Botschaft von Gott bekommen, wird sie immer noch von unserem Gehirn verarbeitet. Weil unser Wissen von unserem Körper abhängig ist, wird es durch unseren Körper begrenzt. Wir sind an einem bestimmten Ort aufgewachsen, im Umfeld einer bestimmten Kultur; wir waren Teil eines bestimmten Erziehungssystems, trafen bestimmte Menschen und waren bestimmten Informationsquellen ausgesetzt; und so weiter. Es ist wichtig anzumerken, dass unterschiedliche Menschen unterschiedliche Kombinationen der zuvor aufgezählten Erfahrungen machen, was zu unterschiedlichen Realitätswahrnehmungen führt. Die Art und Weise, wie unser Gehirn Informationen verarbeitet, ist abhängig von psychischen, kulturellen, naturwissenschaftlichen und anderen Faktoren. Als Ergebnis dieser körperlichen Prozesse ist unsere gesamte Erkenntnis Begrenzungen, Fehlern und Verfälschungen unterworfen. Wenn wir die Bibel lesen und deuten, kommen dieselben Faktoren ins Spiel, sodass unser gesamtes theologisches Verständnis Begrenzungen, Fehlern und Verfälschungen unterworfen ist. Wesley ging so weit zu betonen, dass Gottes gnädiges verwandelndes Wirken dies nicht ändert, denn wir verbleiben in diesem endlichen und gefallenen Körper. Tatsächlich mag dies in einigen Fällen die Wahrscheinlichkeit von Irrtum vergrößern; denn wenn wir andere wirklich lieben, werden wir geneigt sein, ihnen zu glauben und ihnen einfühlsam zuzuhören, obwohl sie im Unrecht sein mögen.

Wir verknüpfen das mit dem ersten Punkt: Weil wir vor Gott für unser Leben verantwortlich sind, haben wir auch eine Verantwortung, die Wahrheit zu suchen und ihr gemäß zu leben. Als begrenzte und leibliche Geschöpfe werden wir Fehler machen. Gott aber ist gerecht und erwartet von uns nicht das Unmögliche, sondern vielmehr, dass wir in Einklang mit dem leben, von dem wir innig und aufrichtig glauben, dass es wahr ist. Weil wir begrenzte leibliche Kreaturen sind, werden wir darin uneins sein, was Gottes Wahrheit und Absicht ist, selbst wenn wir anerkennen, dass Gott im Leben der anderen wirkt.

Sünde, zutreffend so bezeichnet

Dies bringt uns zu einem Kernproblem im Umgang mit Vielfalt innerhalb der Kirche: Wie sollen wir reagieren, wenn eine Person in einer Situation etwas als Sünde betrachtet, das eine andere als Gottes Gebote ansieht? In Wesleys kulturellem Kontext war, wie wir schon bemerkten, eine besondere Frage, wie man den römisch-katholischen Gottesdienst beurteilte. Für die meisten Protestanten war die Verehrung Marias und der Heiligen eine Form von Götzendienst und ein Verstoß gegen die ersten beiden Gebote. Für Katholiken war sie ein berechtigtes

Element ihres Gottesdienstes. Was für die einen Sünde war, war für die anderen Dienst an Gott. Letztlich konnten nicht beide recht haben, aber beide beanspruchten das. Wesley betonte, dass beide Gruppen ihrem Gewissen treu bleiben sollten. Obwohl beide Gruppen von der Richtigkeit ihrer Ansichten überzeugt sein müssen, können sie sich nicht völlig sicher sein, dass sie recht haben. Es besteht immer die Möglichkeit, dass sie unrecht haben könnten.

Im Nachdenken über diese Situation nahm Wesley eine wichtige Unterscheidung in der Deutung dessen vor, was es heißt zu sündigen. Er definierte *Sünde* als den willentlichen Verstoß gegen den bekannten Willen Gottes. Wesley bezeichnete dies als »Sünde, zutreffend so bezeichnet«. Er unterschied dies von der »Sünde, unzutreffend so bezeichnet«.[69] Das sind Taten, die aus Gottes Sicht dem Willen Gottes entgegenstehen, aber die wir im Glauben tun, sie seien Gottes Wille. Weil Gott gerecht ist, macht uns Gott nur für die zutreffend so bezeichnete Sünde verantwortlich, und diese Sünden müssen bekannt und bereut werden. In Christus vergibt Gott die unzutreffend so bezeichnete Sünde, wenn wir uns dessen nicht bewusst sind, dass es Sünde ist, und sie daher nicht bekennen und bereuen. Nach Meinung Wesleys sollten Christen mit Christen Geschäfte machen, und alle Geschäftshandlungen sollten ehrlich, gerecht und fair sein. Gelegentlich werde kein fairer Preis gezahlt oder der volle Wert werde nicht erkannt, aber eher aus Unkenntnis als mit Vorsatz. Das sei die unzutreffend so bezeichnete Sünde. Es werde ja nichts Böses beabsichtigt oder unterstellt. Jedoch wissentlich einen anderen durch List und Tücke zu übervorteilen, sei die zutreffend so bezeichnete Sünde.

Das heißt nicht, wir könnten leben, wie wir wollen, und Gottes Willen ignorieren. Vielmehr ist das Gegenteil wahr: Wir sollten ehrlich zu erkennen suchen, was der Wille Gottes ist, sodass wir im Einklang damit leben mögen. Um den Willen Gottes herauszufinden, ist die Gegenwart und Beteiligung jener wichtig, die eine andere Meinung vertreten als wir. Ihre Sichtweisen sind wichtige Herausforderungen für unsere Überzeugungen über den Willen Gottes. Indem wir ihnen zuhören und unsere Ansichten überdenken, können wir zu einer volleren Erkenntnis von Gottes Willen gelangen. Wir erfahren den größten Nutzen, wenn sie in gleicher Weise uns zuhören. Eine vielfältige Gemeinschaft bietet eine einzigartige Möglichkeit für beiderseitiges Lernen und gemeinsames Wachstum in unserer Erkenntnis des Willens Gottes.

> **Um den Willen Gottes herauszufinden, ist die Gegenwart und Beteiligung jener wichtig, die eine andere Meinung vertreten als wir.**

Das Gesetz der Liebe

Wesley vermutete, dass Adam vor dem Sündenfall vollkommene Kenntnis von Gottes Willen hatte und dass er wusste, wie dieser auf sein Leben anzuwenden war. Gott forderte von ihm, dem moralischen Gesetz Gottes voll und ganz zu gehorchen. Nach dem Fall jedoch war alle menschliche Kenntnis Fehlern, Begrenzungen und Verfälschungen unterworfen. Seither ist es für uns unmöglich, das moralische Gesetz ohne Fehler zu halten, nicht, weil wir es nicht wollten, sondern weil wir außerstande sind, das Gesetz vollkommen zu verstehen. Man muss Wesleys spekulativer und wörtlicher Interpretation der Geschichte von Adam und Eva nicht beipflichten, um sich seiner Analyse des Menschseins anzuschließen. Gott ist gerecht und erwartet daher keine unmögliche, fehlerfreie Befolgung des Gesetzes. Gott fordert von uns, dass wir das Gesetz der Liebe halten und aus echter Liebe zu Gott und unseren Nächsten handeln, wie wir es in Kapitel 2 beschrieben haben. Es ist wichtig zu erwähnen, dass *Liebe* für Wesley nicht nur hieß, dass unsere Motive die richtigen sein müssen, sondern dass wir auch sorgfältige Aufmerksamkeit auf die Folgen unseres Tuns verwenden müssen. Taten, die wohlgemeint sind, aber erwiesenermaßen zutiefst schädliche Ergebnisse zeitigen, widersprechen dem Gesetz der Liebe.

Zusammenfassung

Dieser Absatz hat die komplexeste Argumentation des Buches geboten. Lassen Sie mich einige praktische Schlussfolgerungen ziehen:

– Seien Sie demütig. Das eigene Wissen ist Begrenzungen, Fehlern und Verfälschungen unterworfen. Das gilt es anzuerkennen.
– Seien Sie sich bewusst, dass Ihre innigst gehegten Überzeugungen falsch sein können.
– Wir brauchen Menschen, die anderer Meinung sind als

wir. Sie helfen uns zu entdecken, wo wir im Unrecht sind.

– Respektieren Sie ehrliche Überzeugungen von Menschen, und nötigen Sie sie keinesfalls, gegen ihr Gewissen zu handeln.

– Bleiben Sie in tiefer Verbundenheit mit Menschen, die aus Liebe zu Gott und den Nächsten handeln, auch wenn sie deutlich anderer Meinung sind als Sie.

– Menschen mit widerstreitenden Überzeugungen und Gepflogenheiten können aktive Glieder derselben institutionellen Kirche sein, weil sie nach Wesleys Auffassung nicht sündigen, zutreffend so bezeichnet.

Eine biblische Betrachtung

Wie Christen mit Meinungsverschiedenheiten umgehen sollten, erörtert Paulus in Kapitel 14 des Römerbriefs:

> Den Schwachen im Glauben nehmt an und streitet nicht über Meinungen. Der eine glaubt, er dürfe alles essen. Der Schwache aber isst kein Fleisch. Wer isst, der verachte den nicht, der nicht isst; und wer nicht isst, der richte den nicht, der isst; denn Gott hat ihn angenommen. Wer bist du, dass du einen fremden Knecht richtest? Er steht oder fällt seinem Herrn. Er wird aber stehen bleiben; denn der Herr kann ihn aufrecht halten.
>
> Der eine hält einen Tag für höher als den andern; der andere aber hält alle Tage für gleich. Ein jeder sei seiner Meinung gewiss. Wer auf den Tag achtet, der tut's im Blick auf den Herrn; wer isst, der isst im Blick auf den Herrn, denn er dankt Gott;

und wer nicht isst, der isst im Blick auf den Herrn nicht und dankt Gott auch. [...]

Darum lasst uns nicht mehr einer den andern richten; sondern richtet vielmehr darauf euren Sinn, dass niemand seinem Bruder einen Anstoß oder Ärgernis bereite. Ich weiß und bin gewiss in dem Herrn Jesus, dass nichts unrein ist an sich selbst; nur für den, der es für unrein hält, für den ist es unrein. Wenn aber dein Bruder wegen deiner Speise betrübt wird, so handelst du nicht mehr nach der Liebe. Bringe nicht durch deine Speise den ins Verderben, für den Christus gestorben ist. Es soll doch nicht verlästert werden, was ihr Gutes habt. Denn das Reich Gottes ist nicht Essen und Trinken, sondern Gerechtigkeit und Friede und Freude im Heiligen Geist. Wer darin Christus dient, der ist Gott wohlgefällig und bei den Menschen geachtet. Darum lasst uns dem nachstreben, was zum Frieden dient und zur Erbauung untereinander. Zerstöre nicht um der Speise willen Gottes Werk. Es ist zwar alles rein; aber es ist nicht gut für den, der es isst mit schlechtem Gewissen. Es ist besser, du isst kein Fleisch und trinkst keinen Wein und tust nichts, woran dein Bruder Anstoß nimmt. Den Glauben, den du hast, habe für dich selbst vor Gott. Selig ist, der sich selbst nicht verurteilen muss in dem, was er gut heißt. Wer aber zweifelt und dennoch isst, der ist schon verurteilt, denn es kommt nicht aus dem Glauben. Was aber nicht aus dem Glauben kommt, das ist Sünde. (Römer 14,1–6.13–23)

Wie im letzten Kapitel beschrieben waren gemeinsame Mahlzeiten ein großes Problem in der frühen Kirche. Uns könnte das recht unerheblich erscheinen, aber für jüdische Menschen des ersten Jahrhunderts war es alles andere als unerheblich. Die Gesetze über reine und unreine Nahrung wurden im alttestamentlichen Gesetz ausdrücklich angeordnet. Fleisch zu essen, das in einem heidnischen Tempel geopfert worden war, lief auf Götzendienst hinaus. Im Buch Daniel wird die Weigerung Daniels und seiner Gefährten, königliche Speise zu essen, als das erste Beispiel für ihre Treue zu Gott in einer heidnischen Umgebung hochgehalten (Daniel 1,8–17). Als sich Judäa im zweiten Jahrhundert v. Chr. unter griechischer Besatzung befand, war die Verfolgung von Juden, die weiterhin ihre Kinder beschnitten und die jüdischen Speisegesetze einhielten, der Anlass für einen erfolgreichen Aufstand gegen die griechischen Herrscher. Was man aß, war eine Sache von Leben und Tod. Dies wurde so zum wichtigsten Ausdruck der eigenen Treue zu Gott. Durch seine Behauptung, dass diese Essenregeln keine Rolle mehr spielen, hat Paulus in der frühen christlichen Bewegung einen Streit vom Zaun gebrochen. Für jüdische Christen war dies genauso brisant, wie es jede wichtige Streitfrage für heutige Christen ist. Paulus plädierte für etwas, das ausdrücklich gegen biblische Gebote verstieß, die das Volk Israel im Angesicht von Verfolgung aufrechterhalten hatte. Lassen Sie uns einige Punkte aus Römer 14 festhalten:

– Paulus beschreibt diejenigen, die nicht essen, als schwach in ihrem Glauben. Gewisse Speisen im Angesicht von Verfolgung nicht zu essen, war jedoch das Zeichen tiefen und starken Glaubens gewesen.
– Diejenigen, die essen, dürfen jene nicht richten, die nicht essen. Nur Gott wird richten, und die Schwachen werden vor Gottes Urteil bestehen.
– Die dem Tun – zu essen oder nicht zu essen – zugrunde-

liegende Motivation ist der entscheidende Faktor. Suchen die Menschen in dem, was sie tun, Gott zu ehren?

– Trotz strittiger Dinge dürfen Menschen den Glauben anderer nicht zerstören.

– Wichtig sind Gerechtigkeit, Friede und Freude – nicht Speise. Dabei muss erwähnt werden, dass für die jüdischen Christen gerade die Speisegesetze als wesentlicher Teil von Gerechtigkeit betrachtet wurden.

– Unabhängig von den eigenen Essgewohnheiten ist es am wichtigsten, Christus zu dienen.

– Menschen mit unterschiedlichen Ansichten und Gepflogenheiten müssen Frieden suchen und sich gegenseitig erbauen.

– Die grundlegende Frage hier ist, ob man im Glauben vor Gott überzeugt ist, dass die eigenen Ansichten und Praktiken richtig sind. Eine Gepflogenheit ist sündig, wenn man sie ausübt, obwohl man daran zweifelt, dass es der Wille Gottes ist.

Obwohl Wesley eine ausführlichere Argumentation liefert als Paulus, kann man sehen, dass sich seine wichtigsten Punkte hier finden lassen. Wesleys ausführlichere Argumentation ist durch andere Stellen der Bibel wohlbegründet.

Praktische Früchte: Heiliges Konferieren

Es ist in evangelisch-methodistischen Kreisen üblich, vom
»heiligen Konferieren« als einer Möglichkeit zu sprechen, wie wir schwierige und kontroverse Diskussionen
angehen sollten. Bevor wir untersuchen, was das bedeutet, nehmen Sie sich ein paar Minuten, um darüber nachzudenken, in welcher Weise Sie andere Christen haben
diskutieren sehen. Dies könnte in einem formellen Rahmen gewesen sein, wie einer Gemeindeversammlung
oder Jährlichen Konferenz, im persönlichen Gespräch
oder über die sozialen Medien. Sind das Ihrer Erfahrung
nach gute Beispiele für die Liebe von Christen zueinander?

Was genau heißt *heiliges Konferieren*? John Wesley hat
einige sehr spezifische Anweisungen dafür, wie wir miteinander sprechen sollten, wenn wir verschiedener Meinung sind.

Der Ausgangspunkt ist echte Liebe zu den anderen
Menschen als Geschwister in Christus. Dies bedeutet:

– gegenseitige Anerkennung des verwandelnden Wirkens
  Gottes im Leben der anderen;
– gegenseitige Anerkennung des Wirkens Gottes durch
  die anderen;
– gegenseitiger Respekt für die Lauterkeit der Überzeugungen der anderen, selbst wenn tiefgreifender Dissens
  besteht;
– gegenseitiger Respekt für die Gewissensfreiheit der anderen vor Gott;

- beiderseitiges Streben nach weitest möglicher Kooperation und sichtbarer Einheit;
- gegenseitige Unterstützung für den Dienst der anderen;
- gegenseitiger Einsatz für das ganzheitliche Wohl der anderen;
- gegenseitige Betrachtung der anderen im bestmöglichen Licht;
- von der Wahrheit und Richtigkeit der eigenen theologischen Vorstellungen und Praktiken überzeugt zu sein;
- anzuerkennen, dass Streitfragen ernstgenommen werden müssen;
- Demut, um anzuerkennen, dass die eigenen Ansichten fehlerhaft oder unvollständig sein könnten;
- Ablehnung aller Versuche, andere zu nötigen oder zu manipulieren, damit sie in einer Weise denken oder handeln, die ihren tiefen Überzeugungen von Richtig und Falsch zuwiderläuft.

Dieser Ansatz beschreibt Auseinandersetzungen, die von Gerechtigkeit, Erbarmen und Wahrheit gekennzeichnet sind.

Wahrheit

Man sagt oft, dass Wahrheit das erste Opfer eines Krieges ist. Leider ist das auch in Debatten und Auseinandersetzungen unter Christen oft der Fall. Menschen wählen die Informationen aus, die ihre Argumente untermauern, und ignorieren oder verzerren, was die Argumente ihrer Gegner stützt. Dies mag in manchen Fällen absichtlich geschehen. Oft geschieht es aber, ohne dass wir es bemerken. Das Eintreten für unsere eigene Position macht uns blind für die Schwächen in unseren Argumenten und die Stärken in denen unserer Gegner.

Debatten über strittige Themen, bei denen es um Wahrheit geht, erfordern eine sorgfältige und ehrliche Beurteilung der Argumente und Belege, die die eigene Position bekräftigen. Aber das gilt auch für die Positionen derer, mit denen wir uneins sind. Es muss der Versuchung widerstanden werden, Informationen so zu verdrehen, dass sie in unsere Zwecke passen. Wenn wir die Wahrheit und Stichhaltigkeit einer bestimmten theologischen und ethischen Position beurteilen, ist es immer einfacher, Probleme und Vorurteile in den Argumenten der anderen wahrzunehmen. Wir sind schnell dabei, andere zu beschuldigen, die Wahrheit zu verzerren, aber wir sollten in der ehrlichen Beurteilung unserer eigenen Argumente noch strenger sein.

Das hat noch eine zweite Dimension. Aufgrund der Begrenztheit unseres Wissens und aufgrund unserer jeweiligen Bindungen, unserer Lebenserfahrung und unserer tief verwurzelten Vorannahmen missdeuten und missverstehen wir manchmal Informationen und Argumente, ohne andere absichtlich täuschen zu wollen. Genau dort brauchen wir die Hilfe jener, die von verschiedenen Hintergründen herkommen, andere Lebenserfahrungen haben und sich dem Thema aus einem anderen Blickwinkel nähern. Indem wir ihre Kritik an unserer Position anhören, können wir die Wahrheit der Positionen, für die wir streiten, besser einschätzen. Wenn wir glauben, dass

Wahrheit wichtig ist, dann benötigen wir zum Erkennen der Wahrheit die Ansichten derer, mit denen wir nicht übereinstimmen.

Wenn uns an der Wahrheit gelegen ist, dann geht es nicht nur um Tatsachen und Argumente, sondern auch um persönliche Redlichkeit und Ehrlichkeit. In unseren Debatten und Diskussionen mit anderen Christen müssen wir alle Formen unaufrichtiger, manipulativer und hinterhältiger Methoden ablehnen. Es geht nicht darum, den Streit um jeden Preis für sich zu entscheiden, sondern im Dienste der Liebe die Wahrheit zu erkennen.

> **Wenn uns an der Wahrheit gelegen ist, dann geht es nicht nur um Tatsachen und Argumente, sondern auch um persönliche Redlichkeit und Ehrlichkeit.**

Erbarmen

Erbarmen erfordert, dass wir jene, mit denen wir uneins sind, in einer Weise behandeln, die ihre Aussagen und Ansichten im bestmöglichen Licht deutet. Damit achten wir die Absichten unserer Gegner und unterstellen ihnen die bestmöglichen Motive für ihre Positionen und lehnen jeglichen Vorwurf von Hintergedanken, falschen Motiven, Unehrlichkeit oder manipulativen Absichten ab. Wesley war der Meinung, dass wir im Wissen um unsere eigene Sündhaftigkeit uns selbst und die eigenen Motive immer dem härtesten Urteil unterwerfen sollen. Gleichzeitig sollen wir diejenigen, die anderer Meinung sind als wir, im bestmöglichen Licht betrachten, sie gegen den Vorwurf falscher Motive verteidigen und die beste Deutung für ihre Worte und Taten finden, weil wir sie lieben. Wir sollten gegenüber denen, die sich uns entgegenstellen, der Neigung widerstehen, voreilige Schlüsse zu ziehen, Vorsatz zu unterstellen, sie anzugreifen oder gar zu beleidigen. Sogar Feinde verdienen Erbarmen, Fairness und Gerechtigkeit bei unserer Suche nach Wahrheit.

Gerechtigkeit

Gerechtigkeit verlangt, dass wir die, mit denen wir streiten, und ihre Argumente mit Fairness behandeln, also ihnen gegenüber so handeln, wie wir von ihnen behandelt werden möchten. Wir müssen die Verwendung selektiver Zitate ablehnen, weil damit die Aussage oder Behauptung aus dem Zusammenhang gerissen wird und wir dann andere Schlüsse daraus ziehen, als unser Gegenüber, mit dem wir streiten. Wir müssen die Stärke der Argumente unserer Gegner anerkennen und, wo es zutrifft, die Schwächen in eigener Sache.

Wenn es uns um Gerechtigkeit geht, gilt das nicht nur dafür, wie wir Argumente behandeln, sondern auch dafür, wie wir Menschen behandeln. Das heißt: Wir respektieren die dargelegten Motive und Absichten der Menschen, mit denen wir streiten. Daher werden wir uns mit ihren Argumenten auseinandersetzen und nicht ihren Charakter oder ihre Motive schlechtmachen oder auf andere Weise angreifen.

Zusammenfassung

Heiliges Konferieren hat zum Ziel, dass eine Gemeinschaft in der Liebe zu Gott und den Nächsten wächst. Es geht nicht darum, Streitgespräche für sich zu entscheiden, sondern eine vollere Erkenntnis von Gott und Gottes Absichten zu erlangen. Wenn wir mit Leidenschaft vorantreiben, was wir für richtig und wahr halten, besteht die Gefahr, dass wir gegen Gott und unsere Schwestern und Brüder sündigen.

Fazit

Einheit zu bewahren, wenn es starke Meinungsverschiedenheiten gibt, ist nicht einfach. Das Streben nach Einheit ignoriert diese Meinungsverschiedenheiten nicht, sondern behandelt sie als Chance. Das verlangt Opfer – dass wir in Liebe unser Kreuz auf uns nehmen und die Last tragen, trotz Uneinigkeit Gemeinschaft zu schaffen.

Liebe motiviert uns dazu, Einheit inmitten von Meinungsverschiedenheiten anzustreben.

Demut ermöglicht uns zu erkennen, dass wir nicht immer recht haben und die anderen nicht immer falsch liegen.

Eine Gemeinschaft, die von göttlicher Liebe durchdrungen ist, wird dies darin zu erkennen geben, wie sie mit wichtigen Fragen umgeht und über sie streitet.

In einer polarisierten Welt wird die Kirche Zeugnis von der verwandelnden Kraft Gottes ablegen, wenn sie Möglichkeiten aufzeigt, mit Widersprüchen und Konflikten zu leben, sodass darin die Liebe Gottes in unmissverständlicher Weise offenbar wird.

Anregungen zum Gespräch

Woran zeigt sich heute eine ökumenische Gesinnung, vor allem, wenn wir unser Zusammenleben in einer Kirche oder Gemeinde betrachten?

Wie geht es uns mit dem Rat, einander unterschiedliche Gewissensentscheidungen zuzugestehen?

Wir sind leibliche Geschöpfe, die alle Informationen – auch über und von Gott – durch den Körper verarbeiten. Teilen Sie sich mit, wodurch sie geprägt wurden. Welche unterschiedlichen theologischen Überzeugungen gibt es unter Ihnen, die damit zusammenhängen könnten, dass sie verschiedene Lebensgeschichten haben?

Sprechen Sie über die Auslegung von Römer 14. Was für Erkenntnisse bringt Ihnen der Bezug zu den Auseinandersetzungen der ersten Christen über die jüdischen Speisegebote in heutigen Kontroversen, bei denen wir radikal unterschiedlicher Meinung sind?

Was bedeutet es, Debatten so zu führen, dass sie von *Gerechtigkeit*, *Erbarmen* und *Wahrheit* gekennzeichnet sind?

Und jetzt?

Liebe verkörpern in einer gebrochenen Kirche

Unsere acht Kapitel haben eine Vision der Kirche entwickelt, die aus biblischen Texten, den Schriften John Wesleys, der Geschichte des Methodismus und den Erfahrungen von Menschen aus der Evangelisch-methodistischen Kirche rund um die Welt geschöpft hat. Hier schauen wir unter dem Blickwinkel zweier Fragen zurück. Die erste ist: Wie passt das Besprochene zur Wirklichkeit unseres gemeindlichen und konfessionellen Lebens? Die zweite ist: Wie können wir damit beginnen, diese Vision im Leben von Gemeinden und Konfessionen zu verwirklichen?

Die Reise bis hierher

In Kapitel 1 habe ich das große Bild Gottes skizziert, der Liebe ist und der am Kreuz offenbart hat, was Liebe ist. Die Liebe ist Anfang und Ziel aller Absichten Gottes und seines gesamten Handelns in dieser Welt. Die Menschen wurden geschaffen, um Gottes Liebeswesen widerzuspiegeln und Gottes Interessen zu repräsentieren, indem sie die Liebe zu Gott und zu ihren Mitmenschen verkörpern. Wenn sie das tun, sind sie eine Quelle des Segens für die Welt. Daran sind die Menschen gescheitert und stattdessen von einer tiefen Selbstbezogenheit gekennzeichnet.

Gott aber weigert sich, die Menschheit aufzugeben, und handelt in Gnade, um die Menschen zu verwandeln und aus ihrer Selbstbezogenheit zu befreien. Die Verwandlung Einzelner durch Gottes Liebe führt zur Verwandlung von Gesellschaften und Kulturen, sodass darin die Liebe durch Gerechtigkeit, Erbarmen und Wahrheit zum Ausdruck kommt.

In Kapitel 2 habe ich die Verwandlung von Menschen durch die Gnade Gottes ins Blickfeld gerückt, sodass ihr Leben von göttlicher Gnade durchdrungen wird, die sich in der kreuzgemäßen Liebe zu Gott und den Nächsten ausdrückt. Diese Verwandlung ist interaktiv. Sie beginnt mit Gottes Gegenwart und Handeln. Gott ermöglicht uns, darauf zu antworten – und er sehnt sich nach dieser Antwort. Eine positive Antwort führt zu einer Intensivierung der verwandelnden Gegenwart Gottes. Die Verwandlung bringt eine dynamische Wechselwirkung innerer und äußerer Veränderungen mit sich. Die innere Verwandlung führt zu einer Änderung in unserem Lebensstil, und die Veränderung in unserem Lebensstil formt unser Wesen neu. Gottes verwandelndes Wirken führt zu einer grundlegenden Neuorientierung unseres Lebens, die alle Dimensionen unserer Existenz durchdringt.

In Kapitel 3 habe ich die Kirche als den Ort für Gottes Liebesmission in der Welt beschrieben. Die universale – oder unsichtbare – Kirche besteht aus allen Menschen, die vom Geist Gottes verwandelt wurden. Diese universale Kirche wird in der Welt jedoch in konkreten Gemeinschaften verwandelter Menschen offenbar. Diese Gemeinschaften sind von ihrer Umgebung insofern unterschieden, als sie – auf verschiedene Weise – göttliche Liebe in ihrem Gemeinschaftsleben und in ihrer Interaktion mit der Gesellschaft verkörpern. Der Heilige Geist gebraucht die aktive Teilnahme an solchen vom Geist verwandelten Gemeinschaften, um uns weiter zu verwandeln.

In den Kapiteln 4–6 haben wir zahlreiche Merkmale der Kirche betrachtet. Es ging darum, wie diese Merkmale in der methodistischen Tradition verwurzelt sind und auf spezifische Weise prägen, wie Gottes Liebe verkörpert wird – sowohl in methodistischen Kirchen im Allgemeinen als auch in der Evangelisch-methodistischen Kirche im Besonderen. Die Kirche ist eine Bundesgemeinschaft, deren besondere Identität aus ihrer gemeinsamen Bundesbeziehung mit dem gekreuzigten Christus erwächst. Dies lässt eine Gemeinschaft entstehen, die alle in einer verwandelnden Beziehung zu Gott willkommen heißt. Als Bundes- und Willkommensgemeinschaft ist sie die Verkörperung von Gottes Liebesmission in der Welt. Wir haben erwähnt, dass der Methodismus eine Bewegung zur sakramentalen Erneuerung war, die die Feier des Heiligen Abendmahls ins Zentrum des christlichen Lebens stellte. Hier wurde der Tod Jesu vergegenwärtigt, was Menschen in eine sie immer mehr umgestaltende Beziehung zu ihm zog. Der am Kreuz offenbarte Lebensstil steht in auffälligem Kontrast zu den vorherrschenden Lebensstilen in der menschlichen Gesellschaft. Wenn das Heilige Abendmahl ins Zentrum des Gemeinschaftslebens gestellt wird, liefert das den Impuls, eine gegenkulturelle Gemeinschaft zu werden. Eine gegenkulturelle Gemeinschaft ist dem

Druck und der Versuchung ausgesetzt, sich der Gesellschaft anzupassen. Der Methodismus reagierte darauf mit der Entwicklung von Strukturen zwischenmenschlicher Verantwortlichkeit, die seinen Gliedern Unterstützung boten, wenn sie sich fortlaufend von göttlicher Liebe verwandeln lassen wollten. Jesus wurde außerhalb der Stadtmauern Jerusalems zwischen zwei Verbrechern gekreuzigt. Deshalb ist eine Gemeinschaft mit dem Kreuz als Zentrum immer auch eine Gemeinschaft, die ihren Platz an den Rändern der Gesellschaft hat. Historisch war der Methodismus eine Bewegung, die unter an den Rand gedrängten und ausgebeuteten Menschen gedieh. Ich habe geltend gemacht, dass der heutige Methodismus diese Identität wiederentdecken muss, indem er Mission mit und an jenen zu betreiben sucht, die von der Gesellschaft ausgegrenzt und ausgebeutet werden. Der Methodismus ist immer eine konnexionale Bewegung gewesen, also eine Bewegung, in der auf die Verbundenheit untereinander sehr viel Wert gelegt wurde. Dafür bildeten sich im Methodismus Strukturen aus, welche die unterschiedlichen Gruppen und Gemeinschaften in einem Beziehungsnetz gegenseitiger Unterstützung und Verantwortung verknüpften und diese auf Mission ausrichteten. In der Evangelisch-methodistischen Kirche mit ihrem transnationalen Charakter erlangt dieses Strukturmerkmal eine noch größere Bedeutung. Als transnationale Kirche verkörpert sie auf besondere Weise die universale Kirche,

> Eine Gemeinschaft mit dem Kreuz als Zentrum ist immer auch eine Gemeinschaft, die ihren Platz an den Rändern der Gesellschaft hat.

die aus Christen verschiedener Nationen, Kulturen und Sprachen rund um die Welt besteht.

In den Kapiteln 7 und 8 habe ich mich der Einheit der Kirche zugewandt und die These vertreten, dass die sichtbare Einheit der Kirche kein freiwilliges Extra sei, sondern zum Kern der Identität und Mission der Kirche als der Verkörperung göttlicher Liebe gehört. Theologische und ethische Vielfalt in der Kirche sind Realität und sollten nicht als Bedrohung für die Einheit der Kirche angesehen werden, sondern vielmehr als Chance, in Liebe zu denen zu wachsen, deren Meinung wir nicht teilen. Diese Vielfalt kann ein Mittel sein, durch das wir Gottes Liebe in der so oft von Konflikten zerrissenen Welt offenbaren. Vielfalt bedeutet jedoch nicht, dass die Kirche keine klare Identität besitzt. Ihre Identität gründet sich auf die Wirklichkeit, dass Gott Menschen so verwandelt, dass ihr Leben von Liebe zu Gott und ihren Mitmenschen durchdrungen wird. Darin besteht die Einheit in einer vielfältigen Kirche. Als Problem erweist sich dabei jedoch, dass für viele Menschen Meinungsunterschiede in ethischen und theologischen Fragen so tiefreichend sind, dass es ihnen unmöglich ist, in Einheit miteinander zu leben. In Kapitel 8 habe ich gezeigt, wie Wesleys Begriff der ökumenischen Gesinnung uns dabei hilft, einander als Geschwister in Christus anzuerkennen, die trotz bestehender Meinungsverschiedenheiten aufrichtig danach streben, ein frommes Leben zu führen.

Nach Gottes Willen sind wir da, um zu lieben. Gott rief die Kirche ins Sein, damit sie göttliche Liebe verkörpern und verbreiten möge. Dies ist die Vision für unsere Kirche in einer komplexen und gebrochenen Welt.

Ist es wirklich so?

Das mag wie ein großer Traum erscheinen, aber kann er Wirklichkeit werden? Wenn Ihre Erfahrung der meinen auch nur irgendwie ähnelt, dann scheint diese Vision ein belangloser Traum zu sein. Viel zu oft ist die Kirche keine Verkörperung von Liebe. Tatsächlich scheint sie das glatte Gegenteil zu sein. Auch Kirchenpolitik ist oft genug hinterhältig, unaufrichtig und gemein. Auseinandersetzungen arten schnell in böse Konflikte aus, in denen die Kontrahenten geradezu darum wetteifern, sich gegenseitig mit Fehldarstellungen und Herabwürdigungen zu übertreffen. Anstatt auf unsere Mission in der Welt ausgerichtet zu sein, sind wir viel zu häufig um unsere eigene Bequemlichkeit und Sicherheit besorgt. Ich könnte noch mehr aufzählen.

Aber auch das Gegenteil ist wahr, wie dieses Buch zeigt. Es gibt viele bemerkenswerte Beispiele, wie die Kirche in unserer gebrochenen Welt göttliche Liebe verkörpert, Geschichten, die laut verkünden: »Hier ist Gott am Werk, er verwandelt Menschen und Gemeinschaften!« Inmitten einer gebrochenen Welt sehen wir, wie Gottes Liebesherrschaft anbricht, die Verwandlung, Heilung und Versöhnung bringt.

Die Reise geht weiter

Die Wirklichkeit der Kirche ist vermischt, aber das ist nichts Neues. Beim Lesen der neutestamentlichen Briefe fällt auf, wie darin die Kirche in fast unwirklichen Begriffen dargestellt wird. Sie bekräftigen, dass die Kirche Versöhnung verkörpert, die neue Menschheit darstellt und Gottes Absichten verwirklicht. Gleichzeitig beschreiben sie mit brutaler Ehrlichkeit Versäumnisse und Gebrochenheit der Kirche. Der Schatz, den wir haben, ist stets in irdenen Gefäßen. Diese Erkenntnis steht grundsätzlich am Anfang, damit es mit uns anders werden kann. Wir empfangen Gottes rechtfertigende Gnade nur, wenn wir unsere Ungerechtigkeit erkennen. Wir können uns der verwandelnden Kraft Gottes nur öffnen, wenn wir unsere eigene Gebrochenheit und unser eigenes Scheitern wahrnehmen. Am Beginn der Reise hin zu einer umfassenderen Verwirklichung dessen, was Kirche zu sein bedeutet, steht die Erkenntnis unserer eigenen Wirklichkeit und unserer Abhängigkeit von der Kraft Gottes. Diese Erkenntnis muss dann zwei weitere Handlungen nach sich ziehen: Die erste ist *Reue*. Voller Reue bekennen wir unseren sündhaften Beitrag zum Zustand der Kirche. Wir sind Teil des Problems. Das Versagen der Kirche ist nicht das Ergebnis anderer, die im Unrecht sind. Es ist wegen uns und unserer Sünde. Wir müssen anerkennen, dass Sünde sogar an unseren hochmotivierten Taten und Worten haftet. Die zweite ist *Klage*. In der Klage identifizieren wir uns mit der Kirche in ihrer Gebrochenheit, ohne Schuld zuzuweisen. Damit gestehen wir aufrichtig ein, dass wir, trotz bester Absichten, aufgrund unserer menschlichen Fehlbarkeit und Endlichkeit, zum Scheitern der Kirche beigetragen haben.

Der Reue und der Klage muss der *Dank* folgen. Dankbarkeit entsteht aus der Erkenntnis, dass Gott – trotz unserer Fehler und Gebrochenheit – auf staunenswerten und unerwarteten Wegen am Werk war. Gott gebrauchte verwandelte Menschen. Gott gebrauchte die Kirche, um Heilung, Hoffnung, Versöhnung und Gerechtigkeit in unsere Welt zu bringen. Aus dieser Erkenntnis heraus sollten wir uns im Lob Gott zuwenden und Gottes wunderbare Gnade anerkennen. In Dankbarkeit erkennen wir, dass Gott uns und die Kirche verwandeln kann – hin zu einem erneuerten Glauben in der Kraft des Heiligen Geistes. Reue, Klage und Dank bringen *neue Hoffnung* zur Welt. Diese Hoffnung spornt uns an, Gott anzurufen, dass er seinen Heiligen Geist auf die Kirche ausgießen möge, um sie ihrer Schuld zu überführen, sie zu verwandeln und zu erneuern. Dies ist Gottes Werk, und Gott alleine kann es tun.

Wesley betonte, dass Gott anzurufen und ihn um sein Wirken zu bitten sowie auf sein Wirken zu warten gleichermaßen aktive Tätigkeiten sind. Wir rufen und warten, indem wir Gott aktiv suchen durch Gebrauch der Gnadenmittel, die Gott der Kirche gegeben hat. Wir müssen aktiv die Vervollkommnung der Kirche suchen in der Hoffnung, dass Gott uns begegnen und uns verwandeln wird. Also ist es der nächste Schritt auf dem Weg, unseren Bund mit Gott zu erneuern und uns dazu zu verpflichten, in Gottes Kraft und in der Erwartung der Gegenwart Gottes für die Erneuerung der Kirche zu wirken, sodass sie zu

einer Gemeinschaft werden möge, die von Liebe durch-
flutet ist.

Anregungen zum Gespräch

Sprechen Sie darüber, was Ihnen aus der Beschäftigung
mit den Kapiteln 1–8 besonders wichtig wurde.

Reue, Klage und Dank als Gebetshaltungen, um uns für
Gottes Wirken zu öffnen – wie formen diese drei Haltungen unser Glaubensleben?

Erzählen Sie sich Beispiele, wie aus Reue, Klage und Dank
neue Hoffnung wuchs.

Nachwort

Schreiben ist nie eine Arbeit, die alleine bewältigt werden kann. Viele Menschen haben auf verschiedenste Weise zu diesem Buch beigetragen. Als Buch über die Kirche finden sich darin viele Anregungen aus meiner Erfahrung im Leben der Kirche in verschiedenen Kontinenten, Konfessionen und Kontexten. Gerne danke ich den Menschen und der Führung der Gemeinden, denen ich angehören durfte und die meine Vision der Kirche auf verschiedenste Weise prägten und immer noch prägen.

Die Idee dieses Buches entstand aus der Mitarbeit in der Kommission »Ein Weg in die Zukunft« der Evangelisch-methodistischen Kirche. Während wir zusammen für die Kirche einen Weg suchten, Menschen mit widersprüchlichen theologischen Perspektiven entgegenzukommen, wurde mir klar, dass eine gemeinsame Vision der Identität und Mission der Kirche viel wichtiger war als Änderungen von Strukturen oder von Formulierungen in Ordnungstexten. Mit Methodisten in den verschiedensten Kontexten und mit diversen theologischen Perspektiven zu arbeiten, war eine formende Erfahrung und hat auf vielerlei Weise zu diesem Buch beigetragen. Ich danke den Mitgliedern und Moderatoren der Kommission dafür, dass sie mir einen sehr stimulierenden Kontext bereitet haben, der zur Entwicklung der Ideen in diesem Buch beigetragen hat.

Die regulären Sitzungen der Kommission und die damit verbundene Arbeit führten dazu, dass ich im letzten Jahr regelmäßig von zuhause fort war. Die Belastung meiner Familie hatte durch die Arbeit an diesem Buch deutlich zugenommen. Deshalb bin ich meiner Frau Caroline und meinen Söhnen Carlo und Ernst zutiefst dankbar für ihre Liebe, Unterstützung, Ermutigung und Geduld während dieser Zeit.

Brian Milford und seinem Team vom Verlagshaus der Evangelisch-methodistischen Kirche mit Sitz in Nashville im US-Bundestaat Tennessee schulde ich aufrichtigen Dank für ihre Arbeit am englischen Original dieses Buches.

Die Übersetzung des Buches ins Deutsche wurde von Bischof Dr. Patrick Streiff, Bischöfin i. R. Rosemarie Wenner und Bischof Harald Rückert vorgeschlagen. Ich danke Patrick Streiff und Harald Rückert, die bereits im Vorwort zu diesem Buch ihr Vertrauen in die hier beschriebene Vision der Kirche zum Ausdruck bringen. Das Buch wurde von Christine Wetzka übersetzt, unterstützt durch Bischöfin i. R. Rosemarie Wenner, Professor em. Dr. Manfred Marquardt und Pastor Klaus Ulrich Ruof. Ich bin zutiefst dankbar für ihre Arbeit und die Zeit, die sie investiert haben, sowie die Schnelligkeit, mit der dieses Projekt zur Veröffentlichung vorbereitet wurde. Vielen Dank auch an Frau Dr. Annette Weidhas von der Evangelischen Verlagsanstalt in Leipzig, dieses Buch zur Publikation angenommen zu haben und es in so kurzer Zeit zu veröffentlichen.

Der deutsche Titel des Buches wurde von Manfred Marquardt vorgeschlagen. Er ist abgeleitet von einem Zitat aus der Tragödie »Antigone« des antiken griechischen Dichters Sophokles. Darin kommt der Ausspruch vor: »Zum Hasse nicht, zur Liebe bin ich«. Dieser Titel spricht mich vor allem als Südafrikaner und Methodist an. Während ihrer Gefangenschaft auf Robben Island haben der methodistische Laie Nelson Mandela und seine Mitgefangenen dieses Stück gelesen und aufgeführt und sich dabei gewissermaßen mit Antigone identifiziert.

In besonderer Weise widme ich dieses Buch Ernst Geiger. Er hat, während ich für die Arbeit der Kommission oft nicht zuhause war, meiner Familie geholfen, indem er dafür sorgte, dass ihnen immer ein Mahl bereitet war. Ich bin für das Geschenk seiner Freundschaft und die Unterstützung meiner Arbeit sehr dankbar.

Anmerkungen

1. Predigt 36: Das durch den Glauben aufgerichtete Gesetz II (The Law Established Through Faith II), II. 3 – JOHN WESLEY, Lehrpredigten, hrsg. v. Manfred Marquardt, Göttingen ²2016, 518.

2. Erklärende Anmerkungen zum Neuen Testament: 1. Johannes 4,8 – JOHN WESLEY, Explanatory Notes upon the New Testament. Bd. 2, London ²1813 – eigene Übersetzung.

3. CHARLES WESLEY, Zeig dich, du unbekannter Mann, in: Mit Jauchzen freuet euch. Lieder mit Texten von Charles Wesley, hrsg. v. Verlag Singende Gemeinde, Wuppertal 2006 – Übersetzung: Annegret und Walter Klaiber – Vgl. das Original: Come, o thou traveller unknown (1742), URL: http://www.hymntime.com /tch/htm/c/o/m/e/comeotho.htm, Strophe 9 (Stand: 13. Juli 2018).

4. Predigt 146: The One Thing Needful (Das einzig Notwendige) – ALBERT C. OUTLER (Hrsg.), Sermons IV. 115–151 (The Works of John Wesley, Bd. 4), Nashville 1987, 355 – eigene Übersetzung.

5. Erklärende Anmerkungen zum Neuen Testament: Lukas 12,49 – JOHN WESLEY, Explanatory Notes upon the New Testament. Bd. 1, London ¹¹1831 – eigene Übersetzung.

6. WESLEY, NT Notes 1 (s. vorh. Anm.), Johannes 3,36 – eigene Übersetzung.

7. Predigt 4: Biblisches Christentum (Scriptural Christianity), III.3–5 – WESLEY, Lehrpredigten (siehe Anm. 1), 66 f.

8. WESLEY, NT Notes 2 (s. Anm. 2), Offenbarung 2,15 – Übersetzung: Manfred Marquardt.

9. Predigt 64: The New Creation (Die neue Schöpfung) – ALBERT C. OUTLER (Hrsg.), Sermons II. 34–70 (The Works of John

Wesley, Bd. 2), Nashville 1985, 510 – Übersetzung: Manfred Marquardt.

10 JOHN WESLEY, A Plain Account of Christian Perfection, URL: http://wesley.nnu.edu/john-wesley/a-plain-account-of-christian-perfection, X. (Stand: 13. Juli 2018) – Übersetzung: Klaus Ulrich Ruof.

11 Ebd. – Übersetzung: Klaus Ulrich Ruof.

12 Predigt 139: On Love (Über die Liebe), 2.5 – JOHN WESLEY, Works of Wesley – The Works of John Wesley (begonnen als The Oxford Edition of the Works of John Wesley [Oxford, 1975–1983]; fortgesetzt als The Bicentennial Edition of the Works of John Wesley [Nashville, 1984 ff.]), Bd. 4, 384 – eigene Übersetzung.

13 JOHN WESLEY, Primitive Physic: Or An Easy and Natural Method of Curing Most Diseases. URL: https://archive.org/details/primitivephysico00wesl (Stand: 13. Juli 2018). Die Erstveröffentlichung war 1747.

14 Predigt 139: On Love (Über die Liebe), 2.8 – JOHN WESLEY, Works (s. Anm. 12), Bd. 3, 385 – eigene Übersetzung.

15 JOHN WESLEY, Predigt 65: The Duty of Reproving Our Neighbour (Die Pflicht, unseren Nächsten zurechtzuweisen), URL: https://www.umcmission.org/Find-Resources/John-Wesley-Sermons/Sermon-65-The-Duty-of-Reproving-our-Neighbor (Stand: 3. August 2018).

16 Letter to the Reverend Dr. Conyers Middleton – THOMAS JACKSON (Hrsg.), The Works of John Wesley (14 Bde.), Bd. 10, Grand Rapids 1872, 69 – eigene Übersetzung.

17 Predigt 16: Die Gnadenmittel, II.1 – WESLEY, Lehrpredigten (s. Anm. 1), 225.

18 Predigt 74: Of the Church (Von der Kirche), 1 – JOHN WESLEY, Works (s. Anm. 12), Bd. 3, 46 – Übersetzung: Manfred Marquardt.

19 Ebd. – Übersetzung: Klaus Ulrich Ruof.

20 Predigt 74: Of the Church (Von der Kirche), 5 – JOHN WESLEY, Works (s. Anm. 12), Bd. 3, 48 – eigene Übersetzung.

[21] Predigt 92: On Zeal (Vom Eifer) – JOHN WESLEY, Works (s. Anm. 12), Bd. 3, 318 – eigene Übersetzung.

[22] WESLEY, NT Notes 1 (s. Anm. 5), Apostelgeschichte 5,11 – eigene Übersetzung.

[23] Die Feier des Abendmahls I – Gesangbuch der Evangelisch-methodistischen Kirche, Stuttgart/Zürich/Wien ²2009, 1351 f.

[24] Article XIII. Of the Church – The Book of Discipline of The United Methodist Church 2016, Nashville 2016, 68 – eigene Übersetzung. In der deutschen Fassung des Book of Discipline wird die betreffende Formulierung mit »Gemeinschaft von Gläubigen« wiedergegeben: Verfassung, Lehre und Ordnung der Evangelisch-methodistischen Kirche. Ausgabe 2017, Frankfurt am Main 2018, 42 (VLO) – Der im englischen Original verwendete Begriff »men« kann in Abhängigkeit vom jeweiligen Kontext entweder mit »Männer« oder mit »Menschen« übersetzt werden. Auch wenn »Menschen« gemeint sind, wird durch die Wortherkunft das Männliche stärker gewichtet.

[25] Predigt 74: Of the Church (Von der Kirche), 1.16 – JOHN WESLEY, Works (s. Anm. 12), Bd. 3, 51 – eigene Übersetzung.

[26] A Letter to the Rev Mr. Fleury – JOHN WESLEY, Works (s. Anm. 12), Bd. 9, 391 – Übersetzung: Klaus Ulrich Ruof.

[27] Article XIX. Of the Church – Articles of Religion, URL: http://anglicansonline.org/basics/thirty-nine_articles.html (Stand: 10. Januar 2018), Hervorhebungen v. Autor – eigene Übersetzung.

[28] Vgl. Glaubensartikel XIII (Methodistische Kirche). Von der Kirche – Verfassung, Lehre und Ordnung der Evangelisch-methodistischen Kirche. Ausgabe 2017, Frankfurt am Main 2018, 42.

[29] Predigt 74: Of the Church (Von der Kirche) – JOHN WESLEY, Works (s. Anm. 12), Bd. 3, 52 – Übersetzung Manfred Marquardt.

[30] Primitive Christianity – JOHN WESLEY, Works (s. Anm. 12), Bd. 11, 91: »Ye different sects, who all declare« / »Lo! Here is

Christ!« or »Christ is there!« / Your stronger proofs divinely give, / And show me where the Christians live. – Your claim, alas! Ye cannot prove; / Ye want the genuine mark of love: / Thou only, Lord, thine own canst show, / For sure thou hast a church below. Übertragung: Klaus Ulrich Ruof.

[31] In der englischen Bibelübersetzung wird das Unkraut näher definiert: »tares«. Das kann im Deutschen mit Taumellolch wiedergegeben werden.

[32] Vgl. Die Feier zur Erneuerung des Bundes mit Gott – Gesangbuch EmK (s. Anm. 23), 1363–1367.

[33] WESLEY, NT Notes 1 (s. Anm. 5), Apostelgeschichte 11,17 – eigene Übersetzung.

[34] WESLEY, NT Notes 2 (s. Anm. 2), 1. Korintherbrief 12,13 – eigene Übersetzung.

[35] Artikel 4 Inklusivität der Kirche – VLO 2017 (s. Anm. 24), 17.

[36] Minutes of Several Conversations between the Reverend Mr. John and Charles Wesley and Others – JOHN WESLEY, Works (s. Anm. 12), Bd. 10, 845 – eigene Übersetzung.

[37] To His Majesty King George II – FRANK BAKER (Hrsg.), Letters II. 1740 – 1755 (The Works of John Wesley, Bd. 26), Nashville 1987, 105 – eigene Übersetzung.

[38] Minutes of Several Conversations between the Reverend Mr. John and Charles Wesley and Others – JOHN WESLEY, Works (s. Anm. 12), Bd. 10, 855 – eigene Übersetzung.

[39] Dies ist angeblich Wesleys Anweisung an Thomas Coke, als dieser nach Amerika aufbrach, um eine von Großbritannien unabhängige Kirche zu bilden, aus der später die Bischöfliche Methodistenkirche hervorging. Es ist nicht bekannt, ob Wesley das tatsächlich gesagt hat, aber in anderen Zusammenhängen spricht er durchaus davon, »Menschen Christus anzubieten«.

[40] HARRY WIGGETT schildert dies in A Time to Speak, Kapstadt 2007, 57. Auch in der weltweiten anglikanischen Wochenzeitung The Church Times berichtet er darüber am 13. Dezember

2013 in einem Artikel unter der Überschrift: He Shone with the Light of Christ (Aus ihm leuchtete das Licht Christi).

[41] Wiggett, Light (s. vorh. Anm.) – eigene Übersetzung.

[42] Die Allgemeinen Regeln – VLO 2017 (s. Anm. 24), 46–48. Siehe auch: Herausfordernd einfach. 3 Regeln, die das Leben verändern. Die Allgemeinen Regeln John Wesleys, Frankfurt am Main 2016.

[43] Die Allgemeinen Regeln – VLO 2017 (s. Anm. 24), 48.

[44] A. a. O., 47.

[45] Eintrag vom 2. März 1739 – W. Reginald Ward (Hrsg.), Journal and Diaries II (The Works of John Wesley, Bd. 19), 46 – Übersetzung: Rosemarie Wenner.

[46] Die Allgemeinen Regeln – VLO 2017 (s. Anm. 24), 48.

[47] Predigt 61: The Mystery of Iniquity (Das Geheimnis der Gesetzlosigkeit) – Outler, Sermons II (s. Anm. 9), 462–463 – Übersetzung: Manfred Marquardt.

[48] Unveröffentlichte Gedichte von Charles Wesley – ST Kimbrough, Jr. / Oliver A. Beckerlegge (Hrsg.), The Unpublished Poetry of Charles Wesley. Bd. 2, Nashville 1990, 404: The poor as Jesus' bosom-friends, / The poor he makes his latest care, / To all his successors commends, / And wills us on our hands to bear; – The poor our dearest care we make, / Aspiring to superior bliss, / And cherish for their Savior's sake / And love them with a love like his. Übertragung: Klaus Ulrich Ruof.

[49] The Letters of John Wesley, hrsg. v. Wesley Center Online, URL: http://wesley.nnu.edu/john-wesley/the-letters-of-john-wesley/wesleys-letters-1776 (Stand: 17. Juli 2018) – eigene Übersetzung.

[50] VLO 2017 (s. Anm. 24), 23.

[51] A. a. O., 58.

[52] Letter to Ezekiel Cooper, February 1, 1791 – John Telford (Hrsg.), The Letters of John Wesley, Bd. 8, London 1931, 260.

[53] Das Pew-Forschungszentrum, engl. Pew Research Center, ist ein nichtstaatliches Meinungsforschungsinstitut in den USA

mit Sitz in Washington, D. C. Das Zentrum ermittelt Informationen, Meinungen und Trends, die die Vereinigten Staaten und die Welt betreffen. Zum hier behandelten Sachverhalt: http://www.pewforum.org/2011/12/19/global-christianity-movements-and-denominations (Stand: 18. Juli 2018).

54 Predigt 74: Of the Church (Von der Kirche), 1 – JOHN WESLEY, Works (s. Anm. 12), Bd. 3, 46 – eigene Übersetzung.

55 Predigt 92: On Zeal (Vom Eifer), 3.7 – JOHN WESLEY, Works (s. Anm. 12), Bd. 3, 318 – eigene Übersetzung.

56 WESLEY, NT Notes 1 (s. Anm. 5), Apostelgeschichte 5,11 – eigene Übersetzung.

57 Predigt 100: On Pleasing All Men (Allen Menschen gefallen) – JOHN WESLEY, Works (s. Anm. 12), Bd. 3, 422–423 – eigene Übersetzung.

58 Predigt 75: On Schism (Über die Spaltung), 1.11 – JOHN WESLEY, Works (s. Anm. 12), Bd. 3, 64–65 – eigene Übersetzung.

59 Predigt 20: Der Herr, unsere Gerechtigkeit (The Lord Our Righteuosness) – WESLEY, Lehrpredigten (s. Anm. 1), 275 ff.

60 JOHN WESLEY, Kennzeichen eines Methodisten. Warum Methodisten schlicht und einfach Christen sind, Frankfurt am Main 2011.

61 Ein Brief an einen römisch-katholischen Christen – JOHN WESLEY, vollständige deutsche Fassung als Beilage (5 Seiten) erschienen in »Der Methodist« (ehemalige Kirchenzeitung der Evangelisch-methodistischen Kirche in Österreich), Ausgabe Dezember 1982. Teile des Briefes sind übersetzt in: Christliche Einheit in Zeugnis und Dienst – Ulrike Schuler; Beitrag in: Heillos gespalten? Segensreich erneuert?, U. Swarat, T. Söding (Hrsg.), Freiburg 2016.

62 Predigt 39: Ökumenische Gesinnung (Catholic Spirit) – WESLEY, Lehrpredigten (s. Anm. 1), 550–563. Predigt 38: Eine Warnung vor Engstirnigkeit (A Caution against Bigotry) – a. a. O., 536–549.

63 Predigt 39: Ökumenische Gesinnung (Catholic Spirit), I.10 – a. a. O., 555.

[64] Brief an Samuel Furly, 7. Juli 1766 – JOHN TELFORD (Hrsg.), The Letters of the Rev. John Wesley. Bd. 5, London 1960, 21 – eigene Übersetzung.

[65] Predigt 39: Ökumenische Gesinnung (Catholic Spirit), IV. – WESLEY, Lehrpredigten (s. Anm. 1), 553.

[66] Predigt 39: Ökumenische Gesinnung (Catholic Spirit), III. – a. a. O., 560–563.

[67] Vgl. Predigt 38: Eine Warnung vor Engstirnigkeit (A Caution against Bigotry), II. – a. a. O., 541–544.

[68] Predigt 75: On Schism (Über die Spaltung), 2.17 – JOHN WESLEY, Works (s. Anm. 12), Bd. 3, 66 f.

[69] Vgl. JOHN WESLEY, A Plain Account of Christian Perfection (Gedanken über christliche Vollkommenheit), XIX., URL: http://wesley.nnu.edu/john-wesley/a-plain-account-of-christian-perfection (Stand: 18. Juli 2018).